ブッダに学ぶ「自由な心」練習帳

高田明和

成美文庫

まえがき

最近、世相を見ていて、あることに気づきました。

それは、すべての人が正論を述べているように思える、ということです。

たとえば、ＴＰＰ（環太平洋経済連携協定）について賛成派の意見を聞くと、なるほどそうかと思えますし、反対派の言い分を聞けば、確かにそれもそうだと思えてしまうのです。

原子力発電の問題にしても、廃止すべきだという意見も正しそうですし、廃止は非現実的だという見方も間違いではなさそうです。

ほかの問題も同様です。専門家が多くのデータを集め、一生懸命に考えてそれぞれの説を出すのですから、素人の私たちに判断がつくはずはありません。

しかし、選挙の投票など意志決定を求められる段になれば、どちらかに決めなくてはならないのです。

結局、誰もが本当は直感で決めているのです。直感などあてにならないのではないかと感じても、それ以外に方法がないので仕方がないのです。

とはいえ、そのままでは困りものです。どうしたらよいのでしょうか。

ブッダは亡くなる時、「自灯明《じとうみょう》、法灯明《ほうとうみょう》」と言いました。これからは自分と法のみに頼りなさい、ということです。

自灯明だけでは、「決められなくても自分で決めるしかない」となり、「自分で勝手に決めて間違いがないか」と不安になります。

そこでブッダは、「法に従えば間違いない」と法灯明を説いたのです。

ブッダの法は四聖諦《ししょうたい》に示されています。四聖諦とは、ごくごく簡潔に言うと、正しいことをしなさいということです。それを守れば、直感に頼っても間違いがないということです。

しかし、私たちはいつも正しいことはできない生き物です。そもそも、ほかの生き物を食べなくては生きられないのです。

つまり、普通に生きるだけで、悪を犯し続けることになります。ブッダの発見した宇宙の法則「因縁《いんねん》」（善因善果《ぜんいんぜんか》、悪因悪果《あくいんあっか》）によって、やがて報いを受けてしまうでしょう。

そう考えると、人生は恐ろしい場所だと思えてきます。実際、私も因縁の恐ろしさに気づき、一時は精神的出家をするところまで悩みました。

そして、苦しんだ末に、ブッダの教えのすばらしさに光明を見出したのです。

私たちは正しいこともできる生き物なのです。悪を犯しても、それを補ってあまりある正しいこと（徳《とく》）を積めば、「善因善果」を受けられるのです。

私は、仏教の本質を述べた『般若心経《はんにゃしんぎょう》』を何度も唱えたり書写したりする中で、経に書かれた「度一切苦厄《どいっさいくやく》」（あらゆる苦しみと災難を処理する）「能除一切苦《のうじょいっさいく》」（あらゆる苦しみを取り除く）という言葉が真実であると信じられるようになりました。そして非常に楽になりました。

ブッダが「信じることは人の最高の財である」と説いた通り、信じることは徳の根本です。

意識的に徳を積まないでいると、私たちは、いわば生きるという原罪《げんざい》によって苦しみ続けますが、意識的に徳を積めば、原罪を逃れることができ、さらに、信じることで徳を磨き高めることができるのです。

そうとはいっても、「自分」など信じられないと言う人もいると思います。

ブッダは悟りを開いた時、誰の心も本来は清らかで間違いのないものだということを知りました。憎んだり怒ったりするのは、欲望と執着の雲が本来の心を覆《おお》っているからです。判断する時、できるだけ欲を排し、執着を脱すれば、間違いはないのです。

ブッダの示した教えは、一部分を見ると恐ろしいほどの真実ですが、全体を知れば、誰もが幸福になれるありがたい門です。

私は長い回り道をして、ようやくその門に至りました。なんだか昔開いたことのある門のような気もします。
私の回り道が、読者が近道を進むための地図になることを心から祈っています。

高田《たかだ》明和《あきかず》

ブッダに学ぶ「自由な心」練習帳◎目次

2章 明日を思わない練習
――生きている「今」に集中する

3章 忘れる練習

――忘れたい記憶だけを消す

5章 人間関係の練習

――恩の売買は両方アウト

6章 「ない」ことを楽しむ練習

——空っぽの中には何でも入る

7章 健康の練習

——薬を使わない生き方

プロデュース、編集／アールズ 吉田 宏
本文イラスト／安ケ平正哉

1章

苦と楽を逆転する練習

――順風満帆はかえって危ない

1 成功と幸福は同時に得られない

私はある時から、非常に恐ろしい事実に気がつくようになりました。

それは、**成功者と呼ばれる人たちの晩年が、決して幸せではない**ことです。

自分の周囲を見ても、古人を研究しても、そうなのです。そう思うのは、私だけではないでしょう。「確かに。あの人も、そう言えばあの人も、不幸な目にあっている」と誰もが思い当たるのではないでしょうか。

強欲で横暴だった成功者などなら、「因果応報《いんがおうほう》だ」と納得もできます。しかし、私の知る限り、世のため人のために生きたはずの医者、学者、禅の高僧までが、少なからず不幸な最期《さいご》を迎えているのです。

なぜでしょうか。「因果応報」は仏教の法則の一つです。その法則からすれば、その方たちは悪の報いを受けたことになります。

人間ですから、少しくらい悪いことをしてしまうのはしかたありません。でも、その方たちは、悪よりもっと多くの善をなしたから成功したのだと思うのです。それとも、成功は善ではないのでしょうか。

私自身も成功に向かって努力してきました。それも不善であり、不幸の原因になっているとすれば、あまりに理不尽に思えます。また、坐禅に長年打ち込んできましたが、その功徳《くどく》はないのでしょうか。

私はブッダの示した「仏教」すら、よくわからなくなりました。

そしてついに、ある時から精神的出家《しゅっけ》をするに至りました。

家庭にあって修行僧のように暮らす日々を続けたのです。

テレビや雑誌などメディアとの関係はもちろん断ち、講演や本の執筆もすべて断りました。坐禅も読経《どきょう》（経典の音読）や写経（経典の筆写）にきり換え、新しい道を模索しました。そして、ようやく最近、人生や仏教を別の側面から見ることができるようになり、心の自由を取り戻したのです。

2 ブッダが神通力で病気を治さなかった理由

不幸にならず、幸せになるには、「徳」を積む必要があります。

徳を積もうとする時、誰もが陥りやすい間違いがあります。

仕事をして社会の役に立ったり、生き方などを説いて人を救ったりすれば、すでに十分な徳を積んでいる、だからもう徳を積む努力は必要ない、という考えを持つことです。

私も数多くの本を出しました。ブッダや禅の本、心をいやす本、最近の健康法の誤りを正す本などです。読者から、「本当にいやされた」「体調がよくなった」というお手紙もいただきます。

また、医師として長年、患者を診察し、治療してきました。

いささかの努力をしてきたという思いから、さすがに十分に徳を積んでいるのではないかという気持ちが起こることがあります。忙しく働いてきた徳に免じて、多少のわがまま勝手ももう許されてよいではないかという思いがかすめることもありました。

しかし、**懸命に働いたり、人によい影響を与えたりしただけでは、徳はまだまだ十分ではない**のです。なぜなら、私などよりもっと徳があるはずの方が、何人も悲惨な晩年を迎えているのです。

ある方は、修養書を多く書き、政治家などにも多大な影響を及ぼしました。没後の今でも書店に著作が多く並ぶほどの学者でした。しかし、晩年には精神が錯乱し、最終的には座敷牢《ざしきろう》のようなところで亡くなったのです。その方の周囲の人は、「この人ですらそんな目にあうのか。どのような人が偉いのかが、わからなくなった」と嘆いていました。

別の禅の大家は、激しい修行を指導することで有名で、剣の道も究めていました。しかし、晩年の十年間くらいは脳卒中のために四肢《しし》が麻痺《まひ》した上、口もきけない日々を過ごしたのです。剣で鍛えた体はなかなか衰えず、かえって苦しみが長びくことになったと言います。

このお二方《ふたかた》は、社会の多くの人々を発奮させたり、弟子を成長させたりした点では徳を積んでいるのでしょう。

しかし、そのような仕事上の徳、本人の修行上の徳を積むだけではなく、さらに日々の努力が必要なのです。身を慎む、大言しない、自分のおごりの心を抑える、他人の批判をしない、といった徳目の実行です。

社会的な成功とは縁がなかった人も徳を積めば幸せになり、**栄誉に包まれた人も徳を損なえば不幸になる**というのがブッダの教えです。

このお二方は、ほんの一例にすぎません。

因果の法則（因果応報）は、恐ろしいことに、ブッダにも当てはまります。だからブッダは最期に病に苦しんでも、神通力で病を治したりしなかったのです。

それについて、これからご説明しましょう。

3 あなたは「徳」を意識して生きているか

因縁《いんねん》という言葉をご存じだと思います。

何事も原因（因）があり、これに努力とか悪事とかいった何らかの力（縁）が働き、結果が生まれるということです。

私たちの言ったことや行ったことは、すべて「業《ごう》」という宇宙の貯金通帳に記録されます。そして、よいことをすればよいことが起こり（善因善果）、悪いことをすれば悪いことが起こる（悪因悪果）のです。それが因果応報です。

これは、ブッダが発見した宇宙の根本法則であり、真理だと言えます。

「よいことをする」とは、悪の反対をすることです。悪の代表が、次の四つです（仏教の伝統では飲酒も悪ですが、今では事情が違うように思います）。

①生き物を殺す

②盗む
③嘘を言う
④邪淫《じゃいん》（間違った性行為）をする

いずれにも共通するのは、人の心を傷つけるということです。

人の心を傷つけることが悪なら、**人の心を傷つけず、喜びを与えることが「よいこと」になる**でしょう。それが「徳」です。

因縁の法則によれば、よいことをすれば業に善業という貯金が積まれ、悪いことをすれば業に悪業という借金が記録されます。善業が積まれれば幸運、幸福になり、悪業が積まれれば不幸になり、苦しむことになるのです。

ブッダは『法句経《ほっくきょう》』というお経の中で、こう固く戒《いまし》めています。

「苦しみを恐れる者は、悪をなしてはいけません。
苦しみを厭《いと》う者も悪をなしてはいけません。
悪をなす者はかならず苦しむからです」

4 「いい悪い」を日常レベルで決めてしまわない

多くの人は因縁の法則を、人の心を傷つけるような悪をしたら、何か月後か、何年後かに報いを受けるのだと、理解しているでしょう。

それは間違いではありません。でも、因縁の法則はもっと長い時間の中でとらえなければ本当のところはわからないのです。

日本曹洞宗《そうとうしゅう》の開祖・道元禅師《どうげんぜんじ》は、業の結果の現れ方は三つあるとしています。

①順現報受《じゅんげんほうじゅ》

この世（現世《げんぜ》）でなしたことが、この世の幸不幸として現れることです。鎌倉にある臨済宗《りんざいしゅう》の名刹《めいさつ》・円覚寺《えんがくじ》の管長《かんちょう》だった古川尭道《ふるかわぎょうどう》老師も、しばしばこう言っていました。

「若い時に悪いこと（不陰徳《ふいんとく》）をした人の晩年は必ず悪い」

よく考えれば恐ろしい法則だと思います。

たとえば私の身の回りの医者たちも、偉大な業績をあげた人であろうが、地位の高い人であろうが、若い時に悪をなした人は例外なく晩年に苦しい病を受けています。悪には、実験などで動物を無慈悲に殺したり、誤って患者に苦しみを与えたりすることも含まれるから、恐ろしいのです。

私たちは本当に、順現報受を心にとめて日々を送らなければなりません。

②順《じゅん》次《じ》生受《しょうじゅ》

この世でなしたことが、来世の幸不幸として現れることです。

③順《じゅん》後《ご》次《じ》受《じゅ》

この世でなしたことが、来来世やもっと先の世の幸不幸として現れることです。

③の順後次受はあまりないと思っていますが、運命はこれらの三つが複雑にからみあって決まるので、とても単純に割りきれるものではないのです。

因縁の話をすると「戦争の被害者になった人は何か悪いことをしたのか」「地

震や台風などで亡くなった人たちには共通した悪事があったのか」などと質問されることがあります。

そんなことがあるわけがありません。

ただ、因縁の法則により苦難に巻き込まれることはあるのです。

そんな現世における理不尽に巻き込まれた場合、**「苦は楽の元である」という面に着目したほうがいい**と思います。

現世で思いもよらぬ不幸に巻き込まれた人は、来世、来来世で必ず幸福になるというのもまた、ブッダの教えるところなのです。

5 逃れようのない悪を逃れる

因果の現れ方には先の三つがありますが、悪因悪果、善因善果の法則は一貫して変わりません。

道元禅師は、こう言っています。

「因果の法則は歴然としていて、『あの人の場合は悪事をしても少しも苦しまないですむ』とか、『あの人の場合はよけいに苦しむ』などということはない」

そして、こう有名な言葉でまとめています。

「造悪《ぞうあく》の者は堕《お》ち（悪事をなす人間は悪い境遇に落ちていき）

修善《しゅぜん》の者は陞《のぼ》る（善をなす人間はよい境遇に上がっていきます）

毫釐《ごうり》もたがわざるなし（細い毛ほどの狂いもありません）」

しかし、ここで私たちは重大な問題に突き当たります。

私たち人間は、生きていくために生き物を殺して食べざるを得ません。つまり、常に悪を犯し、業の借金を増す存在なのです。

ということは、絶えず不幸に向かっていることになります。

これではたまりません。

しかし、**私たちが常に悪を犯しているのは本当のこと**なのです。

このことに気づき、ブッダは「三法印《さんぼういん》」(94ページ参照)で「一切苦《いっさいく》」と言ったのです。この世に生きることの一切は苦だというのです。

あまりに救いようのない現実に思えます。

しかし、実はこれにも救いがあるというのがブッダの教えです。

こう述べています。

「だから、常に徳を積むことが大事だ。徳を積んでいれば、必ず貯金が増え、幸福を手に入れることができる」

6 達磨が驚いた「人生の諸刃の剣」

禅宗の開祖・達磨《だるま》大師は、こう教えています。

「私たちは、何か悪いことがあると、ぺしゃんこになってしまう。しかし、それは間違いだ。悪いことがあるというのは、過去の悪業の借金を払ったようなものだ。だから、いつかは取り立てられる借金を支払ったと喜べばよい。

一方、私たちは、思わぬよいことがあった場合には有頂天《うちょうてん》になるが、これも間違いだ。よいことがあるというのは、今までの貯金を使ったようなものだ。だから、その後は努力して業の貯金を積まなくてはならない」

この場合の「悪いこと」とは、苦しいことです。苦しいことが借金を払い、幸福に近づかせてくれるのです。

「よいこと」とは、楽しいこと、楽な思いをすることです。楽しく楽なことが業の貯金をきりくずし、不幸に向かわせるのです。

このことを悟った時、達磨は驚いたに違いありません。この考え方からすると、人生は一瞬も気をゆるめることはできないからです。気をゆるめて楽をすると、いつ不幸になるか、わかりません。

しかし、因果の法則は、常に全体的に見ることが大切です。楽をすると不幸になるということは、苦しめば幸福に向かうという意味でもあります。

つまり、**職場でとてつもない苦労をしている人は、ものすごい勢いで幸福に近づいている**のです。

あるいは、子供のためにすべてを犠牲にして頑張っている人は、幸せがもう目の前にあるのです。

職場で楽をしている同僚や、人生を謳歌《おうか》している友達をうらやむことはありません。彼らは不幸に向かっている、あわれむべき人たちなのです。

7 苦しむことは幸福の一部をなす

もちろん、時節《じせつ》因縁と言って、時が熟さないと幸せは来ません。

ですが、別によいことをしなくても、**苦しんでいるということ自体が善業を積むことになり、自分を幸福に導いてくれる**ことを知っておきましょう。

今が苦しくても、あせってはいけません、自暴自棄《じぼうじき》に陥ってはいけません、怒ってはいけません。今は我慢なのです。「もうやめた」とあきらめてはならないのです。

苦しむことが幸福につながることを、禅ではこう言っています。

「苦中楽あり

楽中苦あり」

ブッダは『法句経』で、善についてこう教えます。

「善の報いが熟しない時は、
善人でも災いにあうことがあります。
しかし、善の報いが熟す時には、
善人は必ず幸福になります」
そして、業全体について、こうくり返しています。
「もし悪をなせば、それは業に積まれます。
もし善をなせば、それも業に積まれます。
人は自分の業を受け継ぎ、
業は滅びることがないのです」
この章で述べたことを暗示的に示した話があります。次項に掲げた「百丈野狐《ひゃくじょうやこ》」という禅の公案（悟りに導くヒント）です。

8 「迷える狐」はこうして救われた

中国・唐代に百丈懐海《えかい》という高僧がいました。「百丈清規《しんぎ》」という修行生活の規則をつくり、禅が中国に根づく基礎を築いた人です。

その百丈が説法をしていると、説法のたびに一人の老人がいることに気づきました。聴衆のうしろで聞き入り、説法が終わるとすぐに帰ってしまうのです。

百丈は不思議に思い、ある日、老人を引きとめて尋ねました。

「お前さんはいつもわしの説法を聞きに来て、終わると帰ってしまうが、いったい何者なのだね」

「実は、私は人間ではありません。狐《きつね》なのです。五百年ほど前にこの寺の住職をしていました。ある説法の時、聴衆の一人から『非常に激しい修行をして高い悟りを何回も開いた方は因果の法則を超越しているか』と聞かれたので、『超越している』と答えました。すると私は、たちまち狐になってしまいました。どうか和尚《おしょう》、私を導いてこの狐の境涯から脱却させてください」

老人（の姿をした狐）はそう懇願しました。

つまり、老人は百丈にこう聞いたのです。

「悟りを開いた人は、犯罪でもない限り、何をしても許されるのではないでしょうか。説法によって人々を幸せにし、人の間違った生き方を正しているのですよ。日常生活では、少しの非道、わがままなどは許されると思うのです」

実際、禅で最高位に達した老師には、こう考える人が多くいます。

「もう肉を食べても、女性にふれてもよい。気ままにしても道は外していない。精進料理ばかりでは体によくない。栄養のある食事をして健康を保ち、自分の高い悟りを人々に知らしめ、彼らを正しい道に導くのがよいのだ」

私が親しくさせてもらい、今も尊敬し続けている著名な老師もそうでした。若い時には激しい修行をした方でしたが、ある時から一変したように普通の人になってしまいました。肉なども好んで食べました。説法や文章は相変わらず素晴らしいものでしたが、八十歳を越えた頃に未亡人とモーテルに入ったところを盗み撮りされ、週刊誌に報じられて大騒ぎになったりしたものです。ただし本人は平然としていました。

百丈和尚は老人にこう答えました。

「わかった。ではもう一度同じ問いをしてみるがよい」

そして老人が同じ質問をくり返すと、こう言い渡しました。

「因果はくらまさず」

つまり、**因果の法則は修行の有無、悟りの高低に関係せず、誰にでも平等に働く**ということです。

老人は「ありがとうございます」と言うや、途端に姿を消しました。その後、寺のある山中に狐の死骸《しがい》があったといいます。

狐は成仏《じょうぶつ》できたのです。

2章

明日を思わない練習

――生きている「今」に集中する

1 「人生はだんだんラクになる」という大誤解

「この世には　今よりほかはなかりけり　過未は知られず　他所《よそ》は行かれず」

そんな歌があります。

実際に年をとってみると、この歌は真実なのだと理解できます。

過去について自分が「こうだ」と解釈してきたことが誤りだったとわかります。ましてや**未来については、まったくわからない**というのが実感です。「たぶんこうなるだろう」と推察していたことは、ことごとく間違いでした。

私たちは、今の延長上に未来を考えます。年をとれば白髪になり、動きも鈍くなるだろうと予想はしますが、今の生活実感はあまり変わらないと思うのです。現実はそうではありません。思いもよらなかったことが次々と起こります。

いちばん重要なのは健康問題です。

私たちは夫婦二人で生活していますが、妻は、原因がわからない足の障害に苦しんでいます。最近は徐々によくなっているものの、薬が効かず、あまりよく歩けないのです。ですから、掃除、洗濯、食事の支度と片づけなど、家事のほとんどを私がやっています。

ベランダを掃除したり、窓の桟《さん》をふいたりするには、かなりの力が必要です。毎日のごみ出しも大変で、不燃ごみなどの分類も手がかかります。食材の買い物もたびたび行かなくてはなりません。壊れた家具の修理などは、時間も手間も体力も総動員する必要があります。

私が健康で動けるからよいのですが、もし腰痛やケガで動けなくなったりしたら、家庭は即座に機能不全に陥ります。食事はほとんどを宅配に頼るしかなく、家は汚れ放題、ごみだらけになるでしょう。トイレは誰が磨くのか、風呂場のカビ駆除はどうするのかなど、こまごました問題も解決困難です。

実際に家事をしてみて、生きてゆくのは大変だとつくづく思い知らされました。

私の同級生は脳梗塞《のうこうそく》になり、奥さんは手足が不自由になるパーキンソン病です。私は、この同級生夫婦がどのように生活しているのか気がかりでたまりません。介護を頼み、ケアマネジャーに相談すればよいという問題ではありません。食事や排泄《はいせつ》から、風呂、掃除、ふとんの出し入れ、衣類の整理まで、家事は多岐にわたります。夫婦二人でも大変なのです。

若い時は、このような状態になるなど、予想だにしませんでした。加齢を、今より少し動きにくくなるとか、今より視力が衰えるとかいうことでしかとらえられませんでした。

しかし、実際は配偶者が倒れたり、自分が病気で動けなくなったり、家庭が機能不全に直面したりすることなのです。**お金持ちでも貧乏でも、有名でも無名でも、誰もが困難に直面する**のです。

誰でも大きな豪邸にあこがれますが、それも夫婦が元気なうちです。片方が倒れたら、たとえ小さな家でも、管理が難しくなることを知らねばなりません。

2 時間はこんなトラブルを連れてくる

年をとると、子や孫にも想定外のことが起こってきます。

たとえば私たち夫婦の場合、子は独立し、孫たちが時々遊びに来てにぎやかでした。それが来月、来年も続くと思っていました。

しかし、やがて孫は塾に行くようになり、親は仕事で夜も多忙になり、私たちの家に来られなくなりました。

そうなると、孫のための食器、イス、自転車などはめったに使わなくなり、だんだん場所ふさぎになってきます。一年、二年と月日がたつと、使う日が来るのか疑問になります。しかし、万一ということで捨てることもできないのです。

また、孫が小さかった頃、一緒に旅行したり別荘に行ったりするために、大きなボックスカーを買いました。チャイルドシートを四つも用意した時期もあったのです。ところが、孫が成長するにつれ、休日でも塾で特別講習や試験があったりして、全員が車で旅行できる機会はめったになくなりました。結局、大きな車は不要になり、処分してしまいました。

子や孫の生活が順調で、子に親孝行したいという気持ちがあり、一緒にいたいとみんなが願っている場合ですら、こうなってしまうのです。

子は徐々に自分の生活で精いっぱいになり、親と縁遠くなってしまいます。**近くに子がいれば安心だという単純なものではない**のです。距離の遠近にかかわらず、子が親にできることは限られてきます。

まして親子の間に何らかの問題が横たわっている場合は、事実上、縁が切れてしまっても不思議ではありません。

子が経済的に困窮しているとか、孫に慢性の病気があるといった場合は、助け合うこともありますが、親に経済的なゆとりがなかったり、病気があったりすれば、それもできません。それでも「他所は行かれず」なのです。

3

「知らぬが仏」の本当の意味

過去や未来がわからないのと同じように、他所で何が起こっているのかもわかりません。

毎日、会社に行って、いろいろな人に会っていると、他所で何が起こっているか推察できる気でいます。私の場合も大学に通い、先輩、同僚や学生たち、患者に接して、広い世界を把握している気でいました。

しかし、年をとって振り返ってみると、自分の周囲で何が起こり、人々が何を考えていたか、まるでわかっていなかったということがわかるのです。

わかっていたのは、その時、その時に自分の身のまわりに起こっていることだけでした。他所で起こっていることは推察していただけで、本当はわかっていなかったのです。

しかし、私の場合、あまり困ったことは起こりませんでした。

なぜなら、あとになって、「あの人はあんなことを考えていたのか」「結局、あれは私を陥れようとしていたのか」などということがわかると同時に、「あの人が私を守ってくれていたのか」「あれは私を助けるためだったのだ」というようなこともわかったからです。

実際に私は無事でした。**「知らぬが仏」と言う通り**だったのです。

よいことも知らず、悪いことも知らなかったけれど、あまり問題なく生きてきたというのが実感です。おそらく多くの人が同じではないでしょうか。

このように考えると、今に全力を尽くす以外に、よりよく生きる道はないということになります。

大事なことは、常に何かに打ち込むということです。

それには日常、修行が必要です。修行といっても、私のように精神的出家をすることはありません。何かに打ち込み、何かになりきることが修行になります。

4 修行とは些事にも打ち込むこと

道元禅師は、中国・宋《そう》に留学した時、人生に決定的な影響を与える事件に遭遇しました。

天童山景徳寺《てんどうさんけいとくじ》で修行中、一人の典座《てんぞ》（食事をつかさどる僧）が茸《きのこ》を日に干していました。典座は年老い、背は弓のように曲がり、眉《まゆ》は鶴《つる》の羽のように白くなっていました。暑い陽ざしの下で、笠《かさ》もかぶらずに茸を並べるのはいかにも苦しそうです。年齢を尋ねると、「六十八歳だ」と言います。道元は驚き、「なぜ修行僧や下働きの人を使わないのですか」と聞きました。

老典座はこう答えます。

「他《た》はこれ吾《われ》にあらず」

つまり、**他人にしてもらっては自分がしたことにならない**と言うのです。

道元は「その通りでしょう。でも、今は暑いので、もう少し涼しくなってからされてはいかがでしょうか」といたわりました。

老典座はこう答えました。

「さらにいずれの時をか待たん」

つまり、**今やらずに、いつするのだ**と言うのです。

つまり、自分のことは自分でする、それこそが修行なのだ、他人に修行をしてもらうことはできないのだという意味です。1章で述べた苦しい行いに意味があるということも、この老僧は知っていたのでしょう。

道元は、自分がとらわれてきた仏道修行のイメージとは異なる修行があることを知り、ここから悟りの道に入っていくのです。

宋代をさかのぼった唐代の百丈禅師にも、こんな話があります。

百丈は、自分が定めた清規の通り作務《さむ》（肉体労働）に励み、高齢になってもやめようとしませんでした。そのため弟子たちは心配し、働けないように作務の道具を隠してしまいました。

ところが百丈は、作務をしなくなったら食事もとらなくなったのです。弟子たちが断食の理由を尋ねると、こう有名な言葉で答えました。

「一日《いちじつ》作《な》さざれば、一日食らわず」

禅では「釈迦《しゃか》も達磨も修行中」と言います。悟りを開いたからといって体を使うことをやめ、他人からの上げ膳《ぜん》、すえ膳で生きては徳を損なうのです。それを百丈は身をもって示したのです。

毎日の生活の中で、やるべきことに一生懸命、全身全霊で取り組むことが心を磨き、徳を積む最もよい方法だと言えます。

坐禅や読経をすれば、次第に心が澄んできて、物事に打ち込むことができるようになります。それは事実です。しかし、逆に、打ち込んでいるから心が澄んできたとも言えるのです。自己を向上させようと坐禅や読経をするなら、禅の姿、お経そのものになりきることがポイントになると思います。

他は
これ吾に
あらず。

5 楽は徳につながらない

禅について多くの人は、坐禅をすれば雑念が排除できて精神が統一され、そこで得た力をもって日常生活の仕事や勉学に打ち込めば、素晴らしい成果が得られると思っています。

しかし、坐禅で精神を統一するのは至難の業《わざ》です。さらに、私の経験によれば、坐禅で雑念を排除できても、日常生活に戻ると、また雑念のとりこになってしまう場合が大部分です。

実際、禅では、修行は一に作務、二に看経《かんきん》（経典の黙読）、三に坐禅というように**坐禅を最上の手段とはしていない**のです。臨済宗の中興の祖・白隠《はくいん》禅師も、「動中の工夫は、静中の工夫にまさること数千万億倍である」と言っています。

私も坐禅で悟りを開いたという人の話を聞き、その境地に本当にあこがれました。悟りを開く（自己の本当の姿を見るので「見性《けんしょう》」とも言う）と、すべてが光り輝くように見え、喜びで「手の舞う、足の踏むところを知らず」、つまり自然に手足が動いて、踊ってしまうと言います。また、見性すると、それまでの修行は意志的な努力だったのが、その後は我《われ》ならぬ我《われ》が自然に修行をさせてくれるとも言っています。

私は「やらねばならぬ」と思って坐禅しており、修行は楽ではないと感じていたので、労せず修行ができるようになるとはすごいと思いました。

しかし、実際はそうではないのです。

悟りの境地を得て、師匠から禅の法を継いだという印可《いんか》証明をもらった僧でも、雑念や妄想はなくなりません。老師と言われる高僧でも、お互いに悪口を言い合い、憎しみ合っていると思われることもしばしばでした。

ご本人は、自分は釈尊《しゃくそん》（ブッダ）と同じ心境になっており、何を思っても間違いはないのだなどと言いますが、周囲から見ると、ほかの老師方をののしる姿は異常でしかありません。

さらに、前述のように楽は苦の元なのです。**修行は苦しいから徳を積むことになる**のです。楽をしては徳を積むことになりません。

このようなことから、真にすぐれた禅僧は、悟っても、法を継いでも、常に謙虚に、自分のなすべきことをなし、修行を積み続けます。

物事に打ち込むことができるように坐禅や看経をし、坐禅や看経をすることで心が清らかになって物事に打ち込めるようになり、それがさらに坐禅や看経の境地を深めてくれるという、いい循環に入ります。そこが大切なのです。

読経も同じです。読経をしていると次第に心が澄んできて、物事に打ち込むことができるようになります。キリスト教なら聖書を読むことなしに心が澄んでくることはないでしょう。

悟っても、作務、看経、坐禅を怠れば、次第に心は汚れてくるのです。常に打ち込むことが、心を清くするポイントなのです。

6

「仏になれる瞬間」を見つける

打ち込むコツは、たとえば『般若心経《はんにゃしんぎょう》』の読経をする時なら、自分が般若心経の仏になったつもりになることです。

「般若心経の仏」とは変なことを言うと思うでしょう。

しかし、私は**経の中には苦を除いてくれたり、心を安んじてくれたりする仏がいる**と思っています。経を唱えると、その仏が私たちを救ってくれるのです。

四国・讃岐《さぬき》の妙好人《みょうこうにん》（すぐれた念仏行者）として有名な庄松《しょうま》は、文字が読めませんでした。ある意地悪な人が『般若心経』を示し、「何と書いてあるか教えてくれ」と質問しました。すると庄松は、こう答えたといいます。

「庄松を救うぞ、庄松を救うぞ、と書いてある」

その通りです。般若心経の仏は、「お前を救うぞ」と願っているのです。

読経では仏と一つになり、**仏になった自分が、自分の言葉であるお経を唱えているという思う**ことが大事です。私は、自分の心の中に『般若心経』があって、それを口によって外に出していると思いながら読経します。

ブッダはこう言っています。

「私たちは、みんな仏の智慧《ちえ》、徳相《とくそう》（高徳を備えた姿形）を有している」

白隠禅師も『坐禅和讃《わさん》』という讃歌の中で、こう詠《うた》っています。

「衆生《しゅじょう》本来仏なり（誰もがみんなもともと仏）
水と氷のごとくにて（水と氷は同じもの）
水を離れて氷なく（形を変えただけのこと）
衆生の外《ほか》に仏なし（仏はあなたで、ここにいる）」

私は、自分が仏そのものだと思うまでには至っていません。しかし、「このお経は自分の心の声だ」と思いながら『般若心経』を唱える時、非常に幸福な感じに包まれるのは事実です。

7 探すのはいつもまず自分の心の中

精神的出家をしてから、私は坐禅より読経を重んじるようになりました。

お経には仏がいて、その仏は自分自身だと思いながらお経の語句を声に出すと、その声を聞いた人たちまでが幸せな思いをもつことを経験したからです。

妻がそうです。

「あなたが『般若心経』を唱える声を聞くと、すぐに幸せな気分になる」と言います。別に私が、「読経の声を聞いてどう感じる?」と尋ねたわけではありません。ある日、ふとそう言ってくれたのです。そして、その後も何度もそう言ってくれるのです。

さらに妻は、「私の気分をよくしてくれるお経なのだから、あなたの心にも変化を与えているに違いない」と言います。**声に出された『般若心経』は自分の耳**

にも入り、自分の心をさらに清らかにしてくれるのでしょう。

これは「南無阿弥陀仏《なむあみだぶつ》」と念仏する時も同じです。西方浄土《さいほうじょうど》に尊い阿弥陀仏がいて、その誓願《せいがん》を信じます、阿弥陀仏に帰依《きえ》します、と念じるのもいいでしょう。しかし私は、「私が阿弥陀様なのです。阿弥陀様が自分の名前を唱えているのです」と思いながら唱えたほうがいいと思います。そのほうが功徳《くどく》が現れやすいのです。

坐禅も同じです。

坐禅の指導を受けると、「富士山の頂上にどっかと坐ったような思いで」「宇宙を尻の下に敷いたような気持ちで」坐れと言われます。

百丈和尚は「仏とは何ですか」と聞かれ、「独坐大雄峰《どくざだいゆうほう》」と答えています。一人で大きな峰に坐っている自分が仏だという意味です。**仏になりきることが、修行でも日常生活でも大事**なのです。修行とは、仏になりきる状態を早く会得するためのものなのです。

8 現世利益を得たいなら

功徳を得たいから読経をするというのは少し邪道ですが、読経には功徳もあることを知っておきましょう。

たとえば『観音経《かんのんぎょう》』（『法華経《ほけきょう》』の第二十五品《ほん》『観世音菩薩普門品《かんぜおんぼさつふもんぼん》』の通称）には、こんな功徳が書かれています。

「もし、悪人があなたを山の上から突き落とそうとしても、観音を念ずれば、その悪人は何もすることはできない」

「もし、賊《ぞく》が刀をとってあなたを害そうと思っても、観音を念ずれば、すぐに慈悲の心を起こす」

「王が苦難にあい、処刑場で命が断たれようとする時、観音を念ずれば、刀はばらばらになる」

にわかには信じられない言葉です。

白隠禅師も、『観音経』を読んで、こんなのは嘘だと思ったと書いています。しかし、その白隠禅師が、やがて『観音経』に書かれていることは真実だと悟り、一生懸命に観音を念ずることを勧めているのです。『観音経』は長いので、これを短くした『延命十句観音経《えんめいじゅっく》』をくり返し唱えればよいとも言っています。すると信じられない奇跡が起こり、病も治り、家内も安泰になるというのです。

「そんな馬鹿なことがあるはずはない。もしそうなら、誰もが幸せになっているはずだ」と思うのが普通でしょう。

しかし、それは、**信じないから奇跡が起こらず、観音菩薩になりきっていないから幸福をつかめない**のだと考えられないでしょうか。

もし、本当に菩薩になりきる、あるいはなりきろうとするなら、奇跡は起こるのです。ぜひ信じて試してみてください。本当に信じ、仏と一体になれば、功徳は必ず得られます。

なお、『延命十句観音経』は『般若心経』よりもさらに短く、全文でこれだけです。

「観世音《かんぜおん》　南無仏《なむぶつ》（観世音菩薩に私は帰依します）
与仏有因《よぶつういん》　与仏有縁《うえん》（私は仏と同じ因縁を持っています）
仏法僧縁《ぶっぽうそう》　常楽我浄《じょうらくがじょう》（仏法僧の縁により、幸せで浄《きよ》らかに暮らせます）
朝念《ちょうねん》観世音　暮念《ぼねん》観世音（朝に夜に、観世音菩薩を念じます）
念念従心起《ねんねんじゅうしんき》　念念不離心《ふりしん》（心から念じ、片時も忘れません）」

3章

忘れる練習

――忘れたい記憶だけを消す

1 恥ばかり思い出せばどんな過去も恥ずかしい

こんな恐ろしい言葉を聞いたことがあるでしょうか。

私たちは**徳を積まないと、過去を思い出して自分を責め、後悔に苦しむ**というのです。よかったことは忘れ、過ちや恥、悪いことばかりが浮かび、自分を責めるといいます。

私は過労からダウンして休養を余儀なくされたことがありますが、まさに、その時がそうでした。毎日のように過去の失敗を思い出し、くり返し自分を責めていました。自分など無価値だと感じていました。

落ち込む私を見かねて、妻や子供はこう慰めてくれました。

「あなたは十分に仕事をし、立派なのです。悔いることはありません。なぜ悩むのですか」

しかし、安らぐことはできませんでした。こんなふうに言い返していました。「お前たちは、私がどんなに悪い人間か知らないのだ。もし、私の本当の姿を知れば驚くだろう」

そんな状態から脱するきっかけになったのは、妻の指摘でした。

ある時、秘密にしていたAという失敗を、もう妻に隠しておくことはできないと思いつめ、「今まで言わなかったが、実は自分はAという失敗をしたのだ」と告白したのです。

すると、妻はこう答えました。

「失敗Aのことは、これまで何度も聞いています。私はそのたびに、失敗Aのことなど気にしていないと言ったではないですか」

私は、失敗Aを妻に言ったことすら思い出せなかったのです。

また、自責の念で苦しみ、過去に迷惑をかけた（と私が思っている）同僚に電話したこともあります。

「高田です。昔の愚行をお許しください」

すると、同僚はきょとんとした声で答えました。

「は？　先生の愚行って何ですか。わからないので、例を一つあげてください」

私は、「彼は私の愚行をたまたま知らなかったんだ」と思い、電話を切りました。

そして、妻にこのやりとりを伝えました。

すると妻はこう言うのです。

「あなたは、実は何も愚かなことなどしていなかったのですよ。同僚の方が『わからない』と言ったのは当たり前です」

この時私は、ブッダの言葉をハッと思い出したのです。徳を損なうと、悪いことばかりを思い出し、ほかは思い出せなくなって過去を悔いるという言葉です。

そして、**自分は悪行ばかりをしてきたわけではないのだ、ただ徳を損なっているだけだ**と思い直せるようになったのです。

2 成功の落とし穴

私が徳を損なってきたのは、人に比べて格段に悪いことをしたからではないと思います。また、楽をすることは徳を損ないますが、そこまで楽をしてきたとも思いません。

ただ、私は若くして大学教授になり、メディアに出たり本を出版したりして有名になりました。経済的にもまあ裕福です。

これが徳を損なう原因なのです。

成功は自慢すべきことのようですが、そうではないのです。

地位が高いとちやほやされ、知らず知らずのうちに傲慢《ごうまん》になります。たとえば患者への思いやりを欠いて、いらざる不安を与えたりします。

業績が上がると、自分のやり方こそが正しいと思うようになり、低姿勢を忘れます。たとえば同僚を馬鹿にして怒りや苦痛を与えたりします。

仕事が順調だと、仕事のためだからと多少の乱暴は平気でやるようになります。たとえば実験動物を平気で殺すようになったりします。

そういうことが徳を損ない、不徳が積もって、過去を思い出すという責め苦になって現れたのです。

私はもっと人のために尽くし、人の心を傷つけない修行をしなくてはならなかったのです。

私の性格は、極端に傲慢ではないと思います。平等な気持ちを強く持っており、他人に優越感を抱いたことはないと断言できます。娘に「お父さんは自分を他人と同じレベルまで下げてしまう。もっと自分は偉いのだと思い、その人たちとは違うんだというプライドを持ってくださいよ」と忠告されるほどです。

『宮本武蔵』などの小説で国民作家と呼ばれた吉川英治《よしかわえいじ》さんは、「この世の人はみんなが自分の師だ」といつも言っていましたが、私も同じ人生観を持っています。本を出したり講演したりするのは自分がすぐれているからではなく、伝えなくてはならないものがあると思うからです。

そんな私でも、いつしか徳を失い、過去に苦しむようになりました。因縁の法則は、知らず知らずのうちに働くのです。油断してはいけないのです。

しかし、これを逆に言えば、**徳を積んで心がきれいになれば、記憶に苦しむことはなくなるの**です。そこが大いなる救いではないでしょうか。

実際、私は『般若心経』を唱えるようになってから、記憶に苦しめられることが少なくなりました。

記憶がなくなるのではありません。記憶はあるのに、苦しいという思いがない、自分を責めることがないという心境なのです。

3 自分では忘れられない過去も他人には無に等しい

私が過去の失敗を妻に告白したり、同僚に謝ったりしたのは、人間関係的にも愚かだったと言えます。

失敗は、自分で思い出さないようにすると同時に、人にも思い出させないようにするのがいいのです。

よほどのことでない限り、多くの人は、過ぎたことはすぐに忘れるからです。

あるカルチャーセンターで、講師を務めていたことがあります。

ある時、「参加者に失礼だったかな？」と気になることがありました。カルチャーセンターの講義は一週間に一度ですから、「次の週に『先週は申しわけありませんでした』と失礼をお詫びしようと思う」と妻に言いました。

すると妻は、こう言うのです。

「たいていの人は昨日のこともほとんど覚えていません。まして一週間前のことなど覚えていませんよ。だから、詫びても相手は失礼を思い出して嫌になるだけです。詫びないほうがいいです」

でも、私は謝らないと気がすまない性格なので、翌週その人に「この間はどうも」と言いました。ところが、相手は私が何を言っているのかわからないようでした。なるほど忘れたのだなと思い、そのまま口をつぐみました。

なおも言い続ければ失礼な行為を思い出し、嫌な気持ちにさせてしまったでしょう。

一度言ったことは鉛筆で書くようなもので、消すことができますが、二度言うのはボールペンでなぞり書きするようなもので、消えにくくなるのです。

失敗は隠せ、悪いことをしても謝るな、というのではないのです。

失敗したり悪いことをしたりしたら、すぐに謝るべきです。それは人間関係をよくします。しかし、**失敗して時間がたってから謝るのは逆効果**です。せっかく忘れていることを消えないようにしてしまい、かえって人間関係を悪くします。

では、人はこんなに忘れやすいのに、なぜ「過去を忘れることができない」と苦しむのでしょうか。

それは、**忘れるのは他人の失敗や恥であって、自分の失敗や恥は忘れられない**からです。

民生《みんせい》委員の方々を対象に講演をしたことがあります。民生委員とは、社会福祉《ふくし》の精神から住民の相談に応じ、援助を行う民間の奉仕者です。自治体から任じられ、多くは学識経験者や市町村の名士です。

ところが、そういう人格者の集まりなのに、講演で私が「忘れることが大事です」と言ったところ、会場がざわめいたのです。質疑応答でも、「忘れることができればどんなに楽かと思っています」と言われました。

民生委員ですら、過去を思い出し、自分を責めて苦しんでいることを知って、人間は過去を忘れられない生き物だなあ、とつくづく感じました。

4 思い出さないことと忘れることはまるで大違い

ブッダは『法句経』でこう言っています。

「思うことなかれ。
思いは自己を不利にし、
幸運を遠ざけ、
自己の心を打ち砕く」

私たちは、どうしても過去、未来、現在について考えてしまいます。しかし、過去は変えられず、未来は知られず、身の回り以外の現在は把握が不可能です。だから、思ったり、思い出したりすると苦しくなり、幸福から遠ざかるのです。

至道無難《しどうぶなん》禅師は、白隠禅師に法をついだ正受老人《しょうじゅろうじん》（道鏡慧端《どうきょうえたん》）の師ですが、こんな有名な言葉を残しています。

「もの思わざるは仏の稽古《けいこ》なり」

仏の稽古とは何でしょうか。

私たちは、本来は仏と同じ清らかで永遠に続く心を持っています。しかし、その心は妄想、執着の雲でおおわれています。考えることは、妄想、執着の雲を厚くすることにほかなりません。

考えないことです。そうすれば、自分が本来は仏であるということが自覚できます。それが仏の稽古だというのです。

ここで一つの疑問に突き当たるでしょう。思わない、思い出さないことが幸福への道なら、認知症にでもなればよいのではないかという疑問です。

もちろん、まったく違います。認知症では、覚えておきたいことも忘れるからです。すべてを忘れ、思考力をも喪失するのは誰でも嫌です。ブッダや祖師《そし》方が推奨するわけもありません。

記憶に関して言えば、**自分を苦しめる記憶だけをなくす**といいのです。

5 記憶は変わるもの

記憶は常に上塗りされています。

ある時、大学院時代の先輩が私のことを非常に懐かしがっていると聞きました。ことあるごとに私との思い出を語り、賞賛しているらしいのです。その先輩とはあまり親しくなかったので、驚いてしまいました。

また、小学校時代の同級生が私のことを誇りにし、同級だったことをしばしば人に吹聴《ふいちょう》していると聞いたことがあります。しかし、その同級生を私はまったく覚えていないのです。

なぜ、それほど親しくない人たちが、私を賞賛するようになったのでしょうか。理由は明快です。私が有名になり、当時はしばしばテレビ出演などもしていたからです。

人間には、知人や友人が活躍し、有名になると、その人に関する記憶がよいものばかりになる傾向があるのです。

反対に、知人や友人が信じられない犯罪を犯したとか、破廉恥《はれんち》行為をして報道されたりすると、その人の記憶が悪いものだけになる傾向もあります。

ある時、高校の校長を歴任し、教育長までした人が悪質なセクシャル・ハラスメントで逮捕されました。

そのニュースをなにげなく追っていたのですが、逮捕直後で事実関係が不明確な段階では、取材された教え子たちは「あんないい先生が……信じられない」などとコメントしていました。事実関係が明らかになるにつれ、「裸で生徒と相撲をとったりしていた」「体を見せるのが好きだったようだ」などというコメントが出てきます。容疑がほぼ事実だとわかった頃には「あの方のことは……思い出したくもありません」などという意見ばかりになりました。

報道はメディアの姿勢にも左右されますが、私はつくづく思いました。

「人は自分の過去を汚したくないのだ。犯罪者や悪人と関係があったことなど思い出したくないのだ。一方で、成功者や有名人と関係があったことは覚えていたいのだ」

徳を積む努力をし、社会貢献に努めていると、他人の記憶はどんどん上塗りされて、よい面ばかり思い出すようになります。評判が上がるのです。

自分では「過去にあんな大失敗をし、ひどい迷惑をかけたのだ。その事実を誰も忘れることはないだろう。つらい。苦しい」と悶《もだ》えていても、徳を積めば、他人の記憶は変化してくるのです。悪い記憶はあっさり葬《ほうむ》り去られ、小さな善行が美化されるのです。

そうなると、次第に自分自身も、悪い過去が気にならなくなります。他人の記憶が上塗りされるにつれ、自分の思い出し方も変わってくるのです。

ここに修行の意味があります。修行して仏に近づくとともに人々の評価が高まってきて、**過去があなたの人生を邪魔しなくなる**のです。

6 物を捨てることで記憶が捨てられる？

唐代のことです。厳陽《ごんよう》という僧が、多くの公案を生んだ名僧・趙州従諗《じょうしゅうじゅうしん》禅師を訪ねました。厳陽は、自分は「本来無一物《ほんらいむいちもつ》」という悟りを開いたと称し、自信満々で趙州禅師に尋ねました。

「私はすべてを捨て去りました。この先どんな修行をすればよいでしょうか」

「放下著《ほうげじゃく》」（捨ててしまえ！）

これが答えでした。

悟ったと思い込んでいる厳陽は納得いかず、再び尋ねます。

「あのー、ですからね、私は無の境地を悟り、何も持っていないんですよ。この上、何を捨てたらよいのでしょうか」

「ならば、担《かつ》いで行け」

そう厳陽は突き放されてしまいました。つまり、「無だなんてとんでもない。お前さんは、何も持っていませんよという鼻持ちならない自意識を持っているじゃないか。わからないなら、自意識にとらわれたままどこなりと行きなさい」と指摘されたのです。

この逸話は、記憶に関する重要な示唆を含んでいます。

過去を**忘れたいなら、まず何かを捨ててみる**のはどうでしょうか。忘れることは困難でも、捨てることなら比較的簡単です。

抽象的な「捨てる」ではなく、具体的に、記憶にまつわる物を捨てるのです。「捨てる」ことと「思い出さない」ことは、実は密接に関係しています。捨てるという具体的な行為が、心の中の記憶を捨てることにつながるのです。不思議なことに思えますが、事実です。

修行の意義もそこにあります。「八正道《はっしょうどう》」（99ページ参照）を実行すると苦しみがなくなるのも、同じ働きによるのです。

7 私が本を大量処分した理由

「断捨離《だんしゃり》」という言葉が流行したことがあります。

ヨガの「断行《だんぎょう》」「捨行《しゃぎょう》」「離行《りぎょう》」という考え方に基づいて、人生や生活に不要な物を捨てることです。断は、入ってくる不要な物を断つ、捨は、家にずっとある不要な物を捨てる、離は、物への執着から離れることです。

心が自由になり、身軽で快適な人生を手に入れることができます。

物を片づけることが、心を片づけることになるのです。

それは私の体験でもあります。過去の記憶で苦しんでいた時「物を捨てよう」と決意し、手元にあるすべての本を処分しました。禅の参考書、白隠禅師の全集、脳に関する多くの貴重な本、欧米の医学の教科書なども、惜しむことなく捨ててしまいました。自分が書いた本も全部捨て、物置や書棚をからっぽにしたのです。

家具も、なくてもいいと思われるものは、ソファであれ、カーペットであれ、粗大ごみに出しました。

部屋は広々とし、明るい太陽の光がさし込むようになりました。

すると、記憶の苦しみが次第に減ってきたのです。

不思議としか言いようがありません。現実に存在する物を捨てると、どうして心が変化して、記憶に苦しまないようになるのでしょうか。

さらに不思議なことに、過去の記憶が夢のように感じられてきました。本当にあったことなのかどうか、わからなくなってきたのです。

「あの人とつまらぬ話をしたと思うが、本当に話したのか？」「彼から以前、不快なメールが来たが、現物は手元にない。本当に来たのか？」という感じです。

精神に異常をきたしたのではないと思います。必要なことはすべて覚えているからです。本を捨てても、そう困ることなく執筆できています。**記憶がなくなるのではなく、心を苦しめる記憶がなくなる**という現象は、確かにあるのです。

8 ただ「おだやかに」だけを目標に

盤珪永琢《ばんけいようたく》禅師は江戸時代の僧です。兵庫県・播州《ばんしゅう》の赤穂《あこう》に住み、『忠臣蔵』で有名な大石《おおいし》内蔵助《くらのすけ》の師と言われます。

盤珪禅師の人となりを示す逸話《いつわ》があります。

赤穂に盲目の老人がいました。声を聞いて性格を当てることで有名でした。

ある時、この老人が禅師の声を聞いて、こう言いました。

「多くの人は、お喜びの言葉を述べる時、かすかに悲しみが混じる。また、悲しみの言葉を述べる時、かすかに喜びが混じる。盤珪禅師はそうではなかった。喜びの言葉を述べる時には喜びのみ、悲しみの言葉を述べる時には悲しみのみであった」

まさに人間の本質をついた指摘です。

他人に幸福があった時、たとえば「昇進おめでとう」「お子さんがよい大学に入ってよかったね」などと言う時、心の奥底に「うらやましい。どうして自分にはこんなことがないのだ」という悲しみが生まれます。

他人に不幸があった時、たとえば「お悔やみ申し上げます」「病気に負けないでくださいね」などと言う時、心の奥底に「自分でなくてよかったよ」「人の不幸は蜜の味」というかすかな喜びの思いが生まれます。

盤珪禅師は、そこを超越していたというのです。

私は衝撃を受け、盤珪禅師の境地を理想として修行するようになりました。

しかし、とてもそうはなれませんでした。「他人の不幸は望まない」「他人の幸せに嫉妬しない」くらいのことは実行できていると思います。けれど、「他人の幸せを見て、なぜ自分はもっと幸せになれないのかと思わないこと」という徳目には至っていないのです。**人の世で心おだやかに生きていくという、たったそれだけのことも、なかなか困難**なのです。

9 ある盗賊僧の涙

盤珪禅師には、記憶や人間関係への示唆に富む逸話が数多くあります。

たとえば、互いに憎み合う嫁姑《よめしゅうとめ》には、こうさとしたということです。

姑には、こう言いました。「嫁は憎くはないぞ。『あの時にああ言った』『あの時にあんなひどいことをした』という記憶が憎しみを生んでいるのだ。記憶さえなければ嫁は憎くはないぞ」。

そして、嫁にはこう言いました。「姑は憎くはないぞ。『あの時に言い分を聞いてくれなかった』『あの時にあんなひどいしうちをされた』という記憶が憎い思いを生んでいるのだ。記憶さえなければ嫁は憎くはないぞ」。

あるいはこんな話もあります。

盤珪が赤穂の寺で接心《せっしん》（期間を区切って坐禅に打ち込む修行）をしていた時、盗難事件が頻発《ひんぱつ》しました。犯人の目星がついたので僧の代表が盤珪に報告しました。しかし、盤珪は何もせず、盗難は続きます。代表はたまりかねて、僧たちが集まった時、盤珪に談判しました。

「あの盗賊僧を寺に置いておくおつもりですか。ならば、あの僧一人を残して、私たちがみんな、寺を出て行きます」

「ああそうか。みなさんが寺を出るというなら、それはしかたないことだ。出て行きなさい」

盤珪の答えに驚いた代表は、色をなして詰め寄りました。

「本当に修行をしようとしている私たちを寺から出して、あんな盗賊僧一人を残そうと言うのですか」

「そこまで言うなら聞かせてあげよう。この会は、心が正しくない者を正しくしようとするのが目的です。みなさんは心が正しいから、この寺で修行をする必要もないし、ゆくゆくは悟りを開けるであろう。しかし、こんなところで盗みを働くような僧は、わしの手で性根《しょうね》を直してやらねばならぬ。だからみなさんは出てゆくのがよかろう」

その時、涙をぼろぼろこぼしながら進み出た者がいました。あの盗賊僧です。盗賊僧は心から前非《ぜんぴ》を懺悔《ざんげ》し、以降は人が変わったように修行に励み、立派な僧に育ったと伝えられています。

僧たち一同も胸を打たれ、盤珪をますます尊敬したということです。

4章

リラックスの練習

——徳を積むと落ち着く

1 楽な人生などどこにもない

私たちは、なぜこんなに苦しむのでしょうか。また、苦しむ人がなぜこんなに多いのでしょうか。苦しみに意味があるのでしょうか。

たとえば病気を例にとります。

難病と呼ばれる慢性の病気があります。原因不明で治療法が未確立、後遺症の恐れがあり、経済的負担や家族の負担の大きい疾病のことです。

最近は、ＡＬＳ（筋萎縮性側索《そくさく》硬化症）が目につきます。全身の筋肉が徐々に動かなくなり、最後は目のまたたきで意思の疎通をし、ついには自分で呼吸ができなくなる病気です。テレビに出演することも多かった学習院大学名誉教授の篠《しの》沢秀夫《ざわひでお》さん、日本最大の医療グループ徳洲会《とくしゅうかい》をつくった徳田虎雄《とくだとらお》さん、世界的な理論物理学者ホーキング氏などが、この病気です。

厚生労働省は、積極的に研究を推進する必要のある難病を特定疾患に指定して、治療費や研究費などの援助をしています。

二〇一一年現在五十六の疾患が指定され、約七十八万人の患者がいるとされます。これでも少なくない数です。

ところが特定疾患に指定されていない難病患者は、ほかに七百万人くらいいるというのです。難病ですら大変な数にのぼるのです。

一般の病気だと、うつ病の薬を処方してもらっている人は五百万人に及ぶと言われています。また、認知症は二〇一一年に三百万人を超したとされます。

そのほか、糖尿病やガンなどに苦しむ人を入れると、日本人の五人に一人は何らかの病気だということになってしまうのです。

このような特定の病名がつかなくても、不眠、肩こり、冷え性、腰痛などに苦しむ人も多く、それも含めると、**病気でない人のほうが少ない**ということになります。

経済的に苦しむ人も急増しています。二〇一一年に大学を卒業した人の約二五パーセントが正社員になれず、二〇一二年には、その割合は四〇パーセントになったという調査結果もあります。

過日、NHKテレビで東京・新宿での週末の炊き出しの光景が放映されました。炊き出しを受ける人の多くが二十代の若者に見えました。その中の一人は、数社を転々としたが正社員になれず、ホームレスになっていると言います。平成の日本の首都でこんな若い人が……と胸が痛み、恐ろしいことだと感じました。

病気や経済的苦境のほかにも、家族の問題、いじめ、過労などで苦しむ人も多くいるのです。

ブッダの時代は西洋医学も雇用統計もありませんでした。当時の生活状況はもっと悲惨だったかもしれません。

その**現実苦に対処する法則をブッダは示した**のです。

2 正すより認めるほうがずっと生きやすい

ブッダは、見出した宇宙の法則を、互いに関連するいくつかのカテゴリーにまとめています。その一つが世界の根本を示す「三法印」です。

三法印は、仏教の流れによって違いが生じました。

タイやスリランカに伝わる上座部《じょうざぶ》仏教（小乗《しょうじょう》仏教）では、次の通りです。

①諸行無常《しょぎょうむじょう》
②諸法無我《しょほうむが》
③一切苦

一方、日本や中国に伝わった大乗《だいじょう》仏教では、こうなります。

①諸行無常
②諸法無我

③涅槃寂静《ねはんじゃくじょう》

仏教では、ものを表す言葉がいくつかあります。色があるから「色《しき》」、動きがあるので「行《ぎょう》」、決まりがあるから「法《ほう》」などと言います。

「諸行無常」は、ものごとは常に移り変わり、一瞬たりとも同じではないという意味です。

「諸法無我」は、この世には自分のものは何一つないという意味です。

道元禅師は、著書『正法眼蔵《しょうぼうげんぞう》』の核心を抜粋した『修証義《しゅしょうぎ》』の中で、こう言っています。

「人が死ぬ時には、国王といえども、大臣、従僕《じゅうぼく》、妻、子供、財宝の何も一緒に連れて行けない。独りで死ぬだけだ。死ぬ時に自分と一緒にあの世に行くのは業だけだ」

だから人生は「一切苦」だとするのが上座部仏教で、**無常と無我をそのまま認めるところに悟りの世界が開ける**（涅槃寂静）と言うのが大乗仏教です。

3 苦しみの「根」を理解する

三法印が世界の根本を示すとするなら、人生の根本を示すのは「四聖諦《ししょうたい》」（四諦《したい》）です。いかに生きれば苦しみを逃れられるかを解き明かした「苦諦《くたい》」「集諦《じったい》」「滅諦《めったい》」「道諦《どうたい》」の四つをさします。

①苦諦

人生とは苦しい場所だと知れ、ということです。

私たちはよく「四苦八苦」と言います。最初の「四苦」は生老病死《しょうろうびょうし》です。生きる苦しみ、老いる苦しみ、病気になる苦しみ、死ぬ苦しみです。

生きる苦しみは、前述の「苦中楽あり、楽中苦あり」という言葉を考えればわかりやすいでしょう。

私たちは一瞬も油断ができないのです。幸福であることが不幸になる道だからです。つまり、永続する幸福はないのです。幸福の裏に不幸がひそんでいるのですから、真の幸福はあり得ないことになります。つまり、生きることは苦ばかりだとも言えるのです。

あとの「八苦」は、最初の四苦に、次の四苦を加えたものです。

・愛別離苦《あいべつりく》……愛する者と別れなくてはならない苦しみ
・怨憎会苦《おんぞうえく》……憎い者と暮らさなくてはならない苦しみ
・求不得苦《ぐふとっく》……物質的にも精神的にも求めるものが得られない苦しみ
・五蘊盛苦《ごうんじょうく》……体があるから持つ肉欲、食欲、闘争欲などの苦しみ

とりわけ、人を愛すれば愛するほど別れの苦しみが増す「愛別離苦」は、人生の矛盾そのものに思えます。まさに生は苦という典型です。

②集諦

これらの苦しみはどこから来るのでしょうか。集めたからです。それを知るのが集諦です。

私たちは、食物を集め、衣類を集め、財産を集め、家屋敷を集め、家族を集め、知識や経験を集め、地位や名誉を集めます。**欲望の対象になるすべてのものを集めようとしたことが、それを失う苦のもとになる**のです。

③滅諦

これらの苦しみを滅する方法が滅諦です。憎愛を離れ、勝ち負けを超え、損得にとらわれず、苦とか楽からも離れた心境になることです。

④道諦

滅諦で示された境地に到るために、具体的な八つの方法を示したのが道諦です。八つの方法を「八正道《はっしょうどう》」と言います。

それを次項で述べます。

4 ブッダの遺言

八正道の第一は正見《しょうけん》です。人生、世界の在り方について正しい見解を持つことをさします。

第二は正思惟《しょうしゆい》（正思）です。この世のすべてをありのままに見て、よけいなことを考えないことです。

第三は正語《しょうご》です。嘘を言わないこと、よけいなおしゃべりをしないことです。たとえば仏教について知りもしないことを言ったり、書いたりしないことも、これに入るでしょう。

第四は正業《しょうぎょう》です。行いを正し、殺生したり、盗んだり、姦淫《かんいん》したりしないことです。

第五は正命《しょうみょう》です。生活の手段を正しくすることです。他人を迷わす詐欺行為をしたり、他人を性的に誘惑する職業についたりしないことです。

第六は正精進《しょうしょうじん》です。怠けず、自堕落《じだらく》にならず、いつも前進することです。

第七は正念《しょうねん》です。心が安定していることをさします。

第八は正定《しょうじょう》です。何も思わず、無心でいることです。仏教では、坐禅や読経などをして、心を清らかにすることを勧めています。


ブッダは亡くなられる深夜、苦しい息の中で弟子たちに問いました。

「お前たち、私が今まで説いた四諦の法門について疑いはないか。疑いのある者は今のうちに聞いておくがよい。私はもう長くはお前たちと一緒にいられない」

誰もが泣くばかりで答えられない中で、長老のアヌルダが代表して答えました。

「お師匠様、たとえ太陽が冷たくなり、月が暖かくなる時が来ましても、**四諦の法門は真理であって決して変わらない**と固く信じています、ご安心ください」

それを聞いてブッダは、「そうか、それでは涅槃に入るぞ」と言って息を引き取ったのです。

5 私が坐禅をやめたわけ

八正道は素晴らしい教えです。人生の活路だと思います。しかし、普通に考えて、凡人の私たちに実行が可能でしょうか。

いや、僧にとっても不可能に近いと思われます。

オリンピック選手でもないと発揮できないほどの身体能力を、一般人が発揮せよと言われているような気がします。

しかも、正しい思いを持っているからこそ精進できるのであり、精進できるからこそ心が安定するのであり、心が安定するからこそ……と、道はそれぞれからみ合っています。自分にもできそうな道から始める、といったやり方はむずかしそうです。逆に、一つがダメだと、ほかの道もすべてダメになってしまう危うさもはらんでいます。

そんな**悩みを一気に解決しようというのが大乗仏教の立場**です。

大乗仏教の実践の一つが坐禅です。坐禅によって自分が本来仏であることを自覚し、その仏の心をもってさらに修行しようというのです。

私は、この道が最上だと思っていました。

ところが、あくまで私自身の個人的な感想なのですが、自分の心が仏と同じだということを見性するのは、並大抵のことではありませんでした。そして、少し見性したくらいでは、八正道の本当の実践はできないのです。

私も必死で坐禅をしたことがあるのです。白隠禅師は一日七炷《しゅ》といって、線香が七本燃え尽きる分の坐禅をしたといいます。

私もそれにならいました。

しかし、ある程度の見性のような経験をしても、本当に精進できるまでには至りませんでした。それは、自分だけではないようです。また、前述のように、見性したという人の多くが傲慢になったりして、ブッダの教えのような人間になっているとはいえないことも知りました。

司馬遼太郎《しばりょうたろう》さんは、「禅宗の人は普通の人より悪い」と言って物議をかもしたことがあります。

「昔、マルクス主義が危険だと言われた時代がありましたが、（禅は）もっと根源的な意味で、人間として最も危険な、劇薬の部分を持っています。いいかげんな者が禅をやってはいけないと私は思っています」（『司馬遼太郎全講演』第1巻）

私も同感です。

今では、私は坐禅よりは読経を勧めたいと思うのです。

6 因縁を一対一でとらえない

苦から逃れる大乗仏教の道は、読経だけではありません。

徳を積むことも苦から逃れる大道です。「陰徳あれば陽報あり」と言って、**人知れずによいことをすると、よいことが起こる**とされています。

ただ、前述のように、因縁の法則は全体的にとらえる必要があります。

ある僧がこんなことを言っていました。

布教していると、別の宗派のある人物が、いきなり棒で足を殴ったというのです。布教を妨害しようとしたのでしょう。その僧は「借金を返したと思った」と言います。僧は前世でその人物に悪いことをしており、殴られたことで、その借金（因）をゼロにできたと言いたかったのでしょう。

私は驚きました。この僧が、因縁を一対一でとらえていたからです。

Aに悪いことをした借金は、直接Aに返さなくては、減らないのでしょうか。たとえば私は実験で動物をずいぶん殺しました。この動物たちが来世などで私に復讐しない限り、私の借金は永遠に減らないのでしょうか。

白隠禅師の『坐禅和讃』には、こうあります。

「一坐《いちざ》の功をなす人も（たった一度でも坐禅をすれば）積みし無量の罪滅ぶ（その功徳は多くの罪業を滅してくれます）」

これも嘘なのでしょうか。

そんなことはありません。Aに悪いことをした業は、別の善行をすることで減らすことができます。そうでなければ、坐禅も読経も、あらゆる善行の意味がなくなってしまいます。

一対一の罪と仕返しで因縁をとらえるのは間違いです。

Aに悪いことをすれば、業の借金は増えます。しかし、それは宇宙の貯金通帳がマイナスになるということであり、Aという一個人の恨みが記録されるのではないのです。

因縁の法則では、一対一ではなく、人生全体の貸借が大事なのです。徳を積めば、誰から借金をしていてもプラスにできるのです。

一対一の貸し借りという考えにとらわれていると心の安心は得られないでしょう。足を殴られたあの僧のような誤解には陥らず、常に全体を考えることが大切です。

罪

7 心の塵をすっきり払う方法

ブッダは悟った時、こう言いました。
「不思議だ、不思議だ。
生きとし生けるものはすべて仏の尊い心を持ち、
十分に徳を積んでいる」
こうも言いました。
「それを自覚できないのは
妄想、執着の雲が
尊い心を覆っているからだ」
本来の心には、借金も貯金もないのです。これを不垢不浄《ふくふじょう》といいます。
京都の天龍寺を開いた夢窓《むそう》国師（夢窓疎石《そせき》）は、こう詠いました。

「晴れてよりのちの光と思うなよ（今、雲が晴れて月の光がさしてきた。それは、急に光が現れたのではない）
もとより空に有明の月（もともと有明の空にあった月による光だ）」

あるいは、業の借金は心の塵《ちり》だとも言えます。この塵が、妄想、執着のもとなのです。塵を払うことで心が清らかになる、つまり仏の心が出てくるのです。

禅の修行は「一に作務、二に看経、三に坐禅」でした。私は今は坐禅の代わりに『般若心経』の読経と写経に明け暮れていますから、「一に読経、二に掃除、三に奉仕」という生活にしています。

掃除が特に大事だからです。

物を捨てることで苦しい記憶が捨てられるように、**身のまわりをきれいにすることで、心の塵や雲を払うことができる**のです。「汚れに悪魔は巣食う」という言葉もあります。汚れに煩悩、執着が巣食うといってもよいのです。

まず掃除をしましょう。

8

一念あれば必ずかなう

掃除の中でも便所掃除は特に大事です。

宋代の中国に、雪竇重顕《せっちょうじゅうけん》という僧がいました。雪竇は修行時代、すすんで便所の掃除をしていたといいます。便器は便で汚れているし、当時は汲み取りで、下にはいろいろな人の便がなみなみと溜まっています。誰もが掃除を嫌がる中で、雪竇は人知れず黙々と精を出していたとのことです。「雪竇はどこにいるか」「便所でしょう」でだいたい当たったと言われるほどです。

やがて雪竇は、中国で隆盛を誇った雲門《うんもん》宗の中興の祖と呼ばれるほどの傑僧になりました。公案集『碧巌録《へきがんろく》』の成立にかかわるなど後世にも影響を与えています。

また、ブッダに周利槃特《しゅりはんどく》という弟子がいました。非常に物覚えが悪く、自分の名前も忘れてしまいます。周利を覚えると槃特を忘れ、槃特を覚えると周利を忘れるというありさまで、経文などはとても覚えられません。

ブッダは槃特にこう言いました。

「お前はもの覚えが悪いから、**一つのことに専心してみる**といい。『掃除は心の塵を払う』と言う。毎日掃除だけを一生懸命にやったらどうか」

槃特は喜んで「これから掃除だけをさせていただきます」と答え、朝から晩まで、猛暑の夏も極寒の冬も「掃除は心の塵を払う」と口ずさみながら掃除を続けました。

そんな生活を、槃特は十年、二十年と続けたのです。

その間に兄弟子《あにでし》たちはどんどん悟りを開き、悟りの世界がどんなに素晴らしいかを話し合うようになりました。

槃特も悟りたくてたまりません。そこで、どうしたら悟れるかを兄弟子たちに聞いたのです。すると「あの馬鹿な槃特が悟りたいだと。いじめてやろう」と、おそらくはまだ悟りを開いていない兄弟子が、悪だくみをしました。「これから悟らせてあげる。お前を殴るから、殴られたら『ありがとうございました』と礼を言え」と言ったのです。

それでも、愚かな槃特は、うれしくてたまりません。「はい。わかりました」と兄弟子の鉄拳を受けました。一撃は非常に痛かったのですが、槃特は「ありがとうございました」と答え、兄弟子は大笑いをしました。そして、今度はもっと痛くしてやろうと、ものすごい勢いで殴ったのです。

その途端に槃特は悟りを開いたといいます。

昭和を代表する名僧と言われる山田無文《やまだむもん》老師は、いつもこの話をし、**教養や知識がなくても一心さえあれば悟れる**例として、感激をもって述べていました。

ありがとう
ございました。

9　徳は「増やす」ものか「保つ」ものか

三宝《さんぼう》、つまり仏法僧《ぶっぽうそう》を敬うのは仏教の基本ですが、三宝の中核をなすものは法です。

ブッダは、ひたすらに法を念じなさいと、こう言っています。

「法を見るものは我を見る
我を見るものは法を見る」

仏とはブッダでもよいし、観世音菩薩でも阿弥陀菩薩でもよいのです。**ひたすらに念ずると、私たちは次第に仏の姿に変化してくる**のです。顔つきまで変わり、仏を念ずる功徳を実感するでしょう。

浄土宗《じょうどしゅう》の開祖・法然上人《ほうねんしょうにん》は、こう言いました。

「仕事の合間、合間に念仏申すと思うな

念仏の中で仕事をせよ」

これはすべての修行にあてはまります。

ブッダはさらに次のように教え、生き物を殺すことを最も大きな悪としました。

「昼も夜も
己《おの》が生命を念《おも》うべし
他の生命を念うべし」

ある時、ブッダは道端の土をつまんで親指の上に乗せました。そして、十大弟子の一人で「多聞第一」と言われた阿難尊者《あなんそんじゃ》（アーナンダ）に尋ねました。

「この爪《つめ》の上の土と大地の土と、どちらが多いと思うか」

「世尊《せそん》（ブッダのこと）、大地の土は限りなくたくさんで、爪の上の土はほんのわずかです」

そう阿難が答えると、ブッダはこう教えました。

「そうだ。この世の中に生命を持って生まれてくる生き物は、大地の土ほど限りなくあるが、人間に生まれてくるものは、爪の上の土ほど少ないのだ。自分の生命も他人の生命も大切にしなくてはならない」

私はこの話を聞いた時に戦慄《せんりつ》を覚えました。

私たちが輪廻《りんね》転生《てんしょう》し、別の生命に生まれ変わる時、人間として生まれることはほとんど不可能ではないかと思ったからです。人間に生まれたいなら、徳を積まねばならない、いや、人間に生まれた以上、前世で徳を積んでいたに違いない、**この徳を減らさないようにしなくてはならない**と強く思ったのです。

徳を積むためには悪いことをしないことが大事です。

悪の最大のものが生き物の命を絶つことですが、私たちは生き物を殺さずには生きられない存在です。その罪を償うためには、生き物の命がムダにならないように意味のある人生を送ることです。悪をなさず、善をなすことです。殺されて食卓に載せられる生き物に感謝の心を忘れないことが大切です。

5章

人間関係の練習

――恩の売買は両方アウト

1 自然に徳が積まれる生き方

善因善果とは、よいことをするとよい運が来るということです。他人によいことをすると、それは自分の幸運として跳ね返ってきます。

「他人のため」は、実は「自分のため」になるのです。

ですから、誰かによいことをしたのに感謝されなかったり、無視されたりした時に、「恩知らず」などと怒るのは的《まと》外れということになります。なぜなら、よいことをした結果、運がよくなるのは自分だからです。

少し自慢話めきますが、私は大学教授時代、欧米の一流大学の研究室などに、医学部の卒業生七人を留学させました。

医者の卵が外国に留学し、現地で生活するのは非常によいことだと思っています。しかし、彼らを欧米の一流大学の研究室に留学させるのは、たやすいことではありません。本人の実力が相当高くて研究室に貢献できることが大切です。同時に、研究室の教授が私と親しく、「タカダの推薦する人間なら、必ずよい研究者だ」と信頼してくれていることが重要です。

そんな中で、一流大学の研究室に七人も留学させたのは、我ながら実によいことをしたと思っています。

もちろん、それを自慢したり、ことさらに人に吹聴したことはありません。教授として当たり前のことをしただけだと思っていたからです。

留学した当人たちも、あまり感謝しているようではありませんでした。しかし、今は非常に感謝していると知りました。

たとえば外科医になった留学生は、同僚から「君は本当にイギリスに留学したの？」とうらやましがられ、「あの留学体験は俺の誇りだよ」と自慢していると いうことです。

また、私が留学させた卒業生たちは全員、給料を留学先からもらっていましたが、東京大学から留学してきた人たちが、それを知って「君は留学先から給料をもらって留学しているんだ！」と驚いたということです。

そういううれしい話が耳に入るようになったのです。私は、これこそ彼らの恩返しだと感じています。

このように、他人によいことをすると、すぐにではなく、また、その人からではない場合もありますが、必ず恩は返されるのです。

私の場合は、自分の教育者、指導者としての評価が高くなるのです。

私たちは二つの目で世間を見ているにすぎませんが、世間は何万、何十万の目で見ています。一時的に判断を間違えても、長い間には正しい判断がなされるのです。

他人に**いいことをすれば、運がよくなり、評判がよくなる**のです。いいことをした当人からは感謝されなくても、いいことは業に貯金され、そこからプラスが返ってくるのです。

2 ことさらな感謝や恩は互いを損なう

「偶然助かった」とか「あれが起こっていたら大変なことになったはずだ。でも起こらなかった」などと胸をなでおろした経験はありませんか。

実は、それは自分がなした徳の結果の表れなのです。

他人によいことをした時、すぐにお礼を言われ、感謝されるのと、万一の場合に奇跡的に助かるのと、どちらがよいでしょうか。

もちろん後者でしょう。

このように考えると、自分が他人にしたことが当人にはあまり理解されず、感謝されなくてもいいということがわかります。徳を積んだおかげで、自分や家族に不運がこなくなるのですから、そちらのほうがはるかに望ましいのです。

「恩を仇《あだ》で返された」などと怒ることもないのです。**いいことをしてあげた当人**

からのリアクションは、極端に言えばどうでもいいのです。もっと重要なことで幸運に恵まれることのほうがはるかに望ましいのです。

相手に感謝を求めることはありません。

これは、他人に悪いことをした場合も同じです。

他人の悪口を言うと、それが回り回って、自分の耳に返ってきた経験はないでしょうか。悪口を言うと、他人から悪口を言われたり、人間関係が悪化したりするのです。悪因悪果であり、多くの人が経験するところです。

このように、行いや言葉は因縁の渦の中で回り、最終的にはすべて自分に戻ってくるのです。「人のため」ということはありません。損をしたなどということもありません。そもそも損をしたなどと思うこと自体が徳を損なうのです。

静岡県三島の龍沢寺《りゅうたくじ》を再興した山本玄峰《やまもとげんぽう》老師は、人に尽くすことは何よりも大事だと強調し、こう言いました。

「徳は天地の光陰にまさる」

3 人生の賞罰を判断するのは誰？

徳を積む時には、人に知られないようにすることが大事だとされます。「陰徳あれば陽報あり」です。

では、誰が「これは普通の徳、これは隠れた徳」と判断するのでしょうか。これが因縁の不思議な点の一つです。

日本や中国では、昔から「天網恢恢疎《てんもうかいかいそ》にして漏《も》らさず」とか、「天知る、地知る、我知る、人知る」などと言い、人の行いや言葉は天が知っているとしてきました。

だから、「天が判断する」と考えるとおさまりがいいと思います。

「ご先祖様」とか「守護神」などと表現する人もいます。決して間違いではないでしょう。しかし、幸運が来る時にはいいのですが、不幸が来た時は説明しにくいのが難です。

私は業を「宇宙の貯金通帳」などと表現しました。ほかに表現の方法がないからです。

「天」がしっくりこない人は、「私たちには宇宙の貯金通帳のようなものがあり、それは私たちのどのような行為も逃さずに記録し、その結果、よい行いにはよい運が開け、悪い行いには悪い運が伴う」と考えるのがいいと思います。

キリスト教では、「神が見ている」としています。不幸は、「悪魔の仕業《しわざ》」とか「神の守護が与えられなかった」などと説明することもありますが、「すべては神の御心《みこころ》のまま」という表現が多いようです。

イエスは、「信じる者は救われん」と言いました。

ある人が本当に信じているかどうか、誰が知っているのでしょうか。わかるわけがありません。しかし、**信じる者が救われ、信じない者は救われないという結果は起こる**のです。

ですから、神が知っていると表現していいのです。

4 「よいこと意識」にまとわりつかれないために

陰徳は、自分で「陰徳だ」と自覚しているようでは本当の陰徳にはなりません。本当は人に知らせたいのだが、それでは陰徳にならないから黙っている、というのでも陰徳にはなりません。

では、何が本当の陰徳なのでしょうか。

これは、禅でも大変重要な問題です。

ブッダから二十八代目にあたる達磨が、禅を中国に伝えました。では、なぜ達磨は中国に行ったのでしょうか。それを禅では「いかなるか祖師(達磨)西来《さいらい》の意」と問うことがあります。

わかりやすく言うと、こういうことです。

名僧が宗派の管長《かんちょう》に立候補したとします。その時、名僧の心中はどうなのでしょうか。「もっと有名になろう」とか「自分の弟子たちを出世させたい」「やはり権力は必要だ」などと考えての立候補なら、凡人が選挙に出るのと同じです。

何も求めないで立候補したのでしょうか。しかし、何も考えないのでは管長に立候補するという結果が生まれるはずはありません。どこかで、「やろう」と言ったに違いないのです。その時の心境はどうなのか、名利《みょうり》を求めたのか求めなかったのかということになります。

この問いに対しては、たくさんの問答があります。

先の趙州禅師は、こう答えました。

「庭の柏《かしわ》の樹《き》のようなものだ」

趙州が、臨済宗の開祖・臨済禅師に問うと、臨済はこう答えました。

「今、足を洗っているところだ」

難しい問答です。正解はないのかもしれません。いずれにしても、**意図した行為か、意図しない行為かは、私たちの日常生活でも問題**になるでしょう。

5 「徳を積んだ」と誇る人ほど徳は少ない

私はなるべく自分を宣伝しないように、社会に役立ちたいと思っています。そこでこのような本を書いているのですが、書く時の心境を問うのが「祖師西来の意」です。お金のためか、名声のためかということになります。

すぐれた禅僧は本など書かなかったといわれています。しかし、まったく何も書かなくては、布教に広がりがなくなるでしょう。

三島の龍沢寺で山本玄峰老師の法を継いだ中川宋淵《なかがわそうえん》老師は私の理想とする方です。老師でありながら、東京・谷中《やなか》の臨済宗寺院・全生庵《ぜんしょうあん》に来た時などは雲水《うんすい》の姿だったと言います。

私が龍沢寺に参禅した時は、宋淵老師は怪我のために不在で、弟子からこんな話を聞きました。「宋淵老師は管長になどなろうとしなかった。もう少し務めれば勲章をもらえるという仕事をしていても、その期間が来る前にやめ、決して勲章をもらう立場にならないようにしていた」と。

一方で、すぐれた老師で管長になる人もいます。その差は何にあるのでしょう。私は、**何も思わずにやったことが結果的に陰徳になるのが最もよい**と思っています。できるだけ我執《がしゅう》や欲を排して、自分に与えられた職務を忠実にやった結果、やったことが人のためになっていて、非常に感謝されているが、本人は感謝されていることも知らないというのが陰徳だと思っています。

「祖師西来の意」も同じでしょう。達磨は何も求めず、ただ自分のやるべきこととして中国に来たのです。それが達磨の最大の陰徳で、陽報は禅が中国に伝わったということです。

ちなみに宋淵老師は、一九七〇年に作家の三島由紀夫《みしまゆきお》が割腹自殺したのを聞いて、「三島は腹は切れたが、心が切れなかった」と言われました。非常に重い言葉として受け止めました。

6 人生の真実と改めて向き合う

ブッダが修行している時のことです。

ある村に三十人の青年がいました。それぞれ新妻をめとったので、みんなで新婚の集まりをしようという相談がまとまりました。ただ、一人だけ独身でしたので、みんなが新妻を同伴する中で、彼だけは街の女を雇って出かけました。

楽しく過ごしていて、ふと気がつくと街の女がいません。それどころか、みんなの持ち物の中で、金目のものはすべて持ち去られていたのです。

青年たちは、「まだ遠くには行くまい」と、あわてて追いかけました。

すると、ブッダが静かに森の樹陰で坐禅をしていたのです。

青年たちは駆け寄り、矢継ぎ早にブッダに尋ねました。「こちらに女が来ませんでしたか」「年のころはこのくらいで、こんな格好です」「たくさん荷物を持っていたはずです」……声の静まるのを待って、ブッダは口を開きました。

「あなた方は、しきりに一人の女のゆくえを尋ねているようだ。しかし、もっと尋ねなければならないことを忘れていないか。

確かにお金や宝石は大事であろう、盗まれたことは残念であろう。しかし、お金はまた手に入れることができる。宝石はまた買うことができる。一方で、盗まれたそれらを探すために使っている今という時間は二度と手に入らない。お金では買えない。

人生は今日あって明日がないかもしれないはかないものだ。死んだらどこにゆくのかわかっているのか。人生は何をしたらよいところなのか知っているのか。享楽《きょうらく》のみを求めても夢のように消え、後には苦しみと悩みが残るだけである。幸福とは何か、人生とは何か。自己とは何か。**探さなくてはならないものは女ではなく、自分自身ではないのか**」

こう順々と説かれ、青年たちは感動し、ブッダの弟子になったといいます。

7 思い出さないようにしようとする時まずやること

ブッダは『法句経』で、こう言っています。

「よきことをせず、
若くして心に宝を積まないなら、
過ぎしことを悔い悩んで、
折れ弓のごとく臥《ふ》すであろう」

他人に対して徳を積まなければ、苦しい過去を思い出して自分を責めるようになってしまうぞ、と言っているのです。

並みの宗教家なら、「悪いことをしたら苦しむぞ」といましめるだけでしょう。ブッダは違います。苦しみの中に、過去を思い出して自分を責める苦しみがあることまで知っていたのです。

本当に偉大な人だと恐ろしくなります。

よく「ブッダは、自分が仏であることを悟った」とされます。禅では自分を無にして、この境地を手に入れようとします。

しかし、ブッダの悟りはそんなものだけではないのではないでしょうか。因縁の法則も含め、人間の苦しみの中身まで悟ったのだと思います。

ブッダの偉大なところは、そのような苦しみのすべてに解決策を与えてくれていることです。

「思い出さないようにしよう」と努力しても、過去に自分のなした悪業が積まれている以上、思い出さないわけにはいきません。坐禅をすれば、ある程度、徳を積めるので、過去を思い出さないでいられる時間も持てます。しかし、根本的な解決にはならないのです。

それよりも、信じることです。たとえば、苦を除くとされる『般若心経』を信じ、心を込めて唱えると、努力しなくても思い出さないでいられるようになるのです。

私がそうでした。

『般若心経』だけではありません。信ずるならば、南無阿弥陀仏でも南無妙法蓮華経《なむみょうほうれんげきょう》でもよいのです。

もっと言えば、聖書の一節でもいいのだと思います。

私は、努力だけで「忘れること」はできないと考えています。信ずるものを持つことが「忘れる」唯一の道なのです。

病苦、貧苦、地位の低い苦しみなどに劣らず苦しいのは、過去を思い出して自分を責めることです。生きている意味がなくなり、過去の自分が全否定されるような苦しみです。

自分が過去になしたことはすべて無意味だという思いにとらわれます。地位も業績も意味がなく、自分が非常にくだらない人間だと感じられるようになってしまいます。

その苦しさは今も忘れません。

幸い、私は仏の教えを聞かされていましたから、苦しみの根幹にあるのは徳の問題だと気づき、掃除、読経、奉仕に全力を尽くすようにしたのです。

6章

「ない」ことを楽しむ練習

——空っぽの中には何でも入る

1 たとえば趣味もまったくゼロでいい

私は趣味がないといってもよい人間です。

音楽は好きで、クラシックなどを聞きますが、自分で演奏はしません。スポーツは昔テニスをやっていましたが、今はしていません。ゴルフもしません。囲碁将棋は非常に弱いので、やはり今はしていないのです。

人に聞かれると「唯一の趣味は本を書くことだ」などと言っていますが、これが趣味になるかどうかはわかりません。

多くの人が、趣味がないことを心配しているようです。

趣味がないと、晩年に時間をもてあますのではないかと恐れる人もいれば、無趣味だと仲間ができないだろうと気にしている人もいます。たとえばカラオケのレパートリーくらい何曲か持っていないと、仲間に誘われなくなってしまうと心配していたりします。

しかし、どれも、そんなことはありません。

実際、私の周囲には趣味のない人が多いのです。若い時には趣味があり、その仲間がいたけれど、退職後は趣味をやめ、その仲間とも遠ざかって、かえって広い範囲の人たちと楽しくつき合っているという人もたくさんいます。

趣味がないと時間を持てあますなど、とんでもない誤解です。私は妻の足が悪くなったため、買い物、掃除など、必要な家事をするようになり、時間はいくらあっても足りないことに気づきました。

趣味がないと認知症になってしまうのではないかと恐れる人も、少なくありません。

その心配もないのです。囲碁や将棋のような趣味を持つ人は認知症になりにくいという研究は数多くありますが、いずれもはなはだ疑わしいのです。

最近イギリスで、脳トレーニングに効果があるかどうかの研究が一万人以上の人を対象に行われ、結果が世界的に権威のある学術雑誌『ネイチャー』に発表されました。

結論から言うと、脳トレをすると、その問題については練習の効果があるのは事実のようです。つまり、訓練をすると点数が上がるということです。しかし、効果はそこまでで、脳トレ後に脳機能を測定しても、まるで変化がないことがわかりました。

つまり、囲碁や将棋についての能力は増すのですが、**脳トレは、実地の人生に役立つ記憶力や集中力、持続力と言った一般的能力の向上にはあまり効果がない**ということです。

実際、碁の上手な人で認知症になる人も多くいます。現在、認知症の人は三百万人を超えています。六十五歳以上では四人に一人が認知症とされます。囲碁将棋の人口を考えれば、この中に多くの囲碁や将棋をたしなんでいた人がいるに違いないのです。

2 「ナチュラル」の大切さ

ゴルフなどの運動はどうでしょうか。

私は寿命を延ばす食べ物の研究をしてきました。その時に、どのような人が長生きか、病気になりにくいかということも調べたことがあります。

すると、若い時に激しい運動をした人が必ずしも長生きではありませんでした。また、登山などを楽しんでいた人の中に、膝《ひざ》を痛め、晩年は外出もままならないようになった人も少なからずいることを知りました。

むしろ、とりたててスポーツをしなくても、**普通に仕事や家事をし、家庭を大事にしていた人のほうが健康**だということがわかったのです。

同年配の知人の家を訪ねると、しばしばゴルフのクラブ、テニスのラケット、外国旅行の案内本などがホコリをかぶっています。いつの日にかと思って手元に置いていたのに、結局使わないようになったのでしょう。

2章で述べたように、夫婦はいつまでも両方が健康というわけにはいきません。一方が病に倒れると、家事や看病などに時間を取られ、趣味どころではなくなるのです。若い時に「老後もアクティブに生きよう」と描くイメージと、実際の老後は違うのです。

長生きと職業を調べると、上位は林業、水産業、農業などです。仕事の中で自然に体を動かしているからでしょう。運動には、ストレス解消や健康増進など、素晴らしい効果があります。しかし、趣味として持たなければならないというものではないのです。

ナチュラルに暮らし、徳を積むほうが、やみくもに運動するより体にいいように思います。

なお、女性は趣味がなくても退屈しないと言われます。退屈することを恐れているのは男性だということも知っておきましょう。

3 なぜ「まだはもう」なのか

私は、**人はいつまでも地位に執着するものではない**と思っています。晩年は徳を積み、あるいは徳を損なわないようにすることが大事です。何度も述べたように、高い地位にいるというだけで、どんどん徳を損なっているからです。後継者ができたらなるべく早く引退し、その後はボランティアや家事にいそしむのが理想です。

昔の人は、ある年になると引退し、息子や娘婿《むすめむこ》に家督《かとく》を譲り、あとは盆栽の手入れをしたり、近所の同年配の人と囲碁将棋を楽しんだり、謡《うたい》をやったりして人生を楽しみました。時が来れば四国八十八か所の巡礼をしたりし、仏をあがめる生き方をしたのです。本当に素晴らしい知恵だと思います。

人は、ある年齢になったら現職を引退せねばなりません。もちろん経済的に大変な人は仕事を続けるのがよいでしょう。私が言うのは生活のめどがついたら、ということです。

過日、八十歳を越えて活躍している新聞社の会長の話を聞きました。人間的に非常にすぐれていると思いましたし、記憶力も素晴らしく、今も勉強を欠かさない姿勢には感動しました。恐らく、自分でなくてはできないことがある、自分が見張っていなければ日本はどうなる、という気持ちで活躍しているのでしょう。

しかし、発言は評論家的で、日本を救う点に関しては何のアイデアもないように思えました。政治家の案を批判するだけにも思えたのです。この方が引退したら、社会はダメになるのでしょうか。そんなことはないと思われます。日本は今まで通り動いていくでしょう。一人の力などは知れているのです。

このように考えると、地位に固執するのは、結局は自己満足にすぎないのではないかと思います。思いきって地位を若い人に譲っても、別に大問題にはならないのです。

4 私がビル・ゲイツに見習いたいこと

松下電器産業（現パナソニック）創業者である松下幸之助《まつしたこうのすけ》さんは非常に偉大な方ですが、松下さんが亡くなり、いなくなってもパナソニックは存在します。ソニー創業者である井深大《いぶかまさる》さんや盛田昭夫《もりたあきお》さんも日本を代表する経営者ですが、いなくなってもソニーがなくなったわけではありません。

創業者といえども、そうなのです。

まして因縁の法則を考えれば、徳を損なわないことがいかに重要かわかると思います。自分が人生を賭けて築いた**地位や技術はかけがえのないものですが、固執すればダメになる**のです。

マイクロソフト創業者で世界長者番付のトップに君臨してきたビル・ゲイツ氏は、二〇〇六年に経営の第一線から身を引き、慈善団体ビル＆メリンダ・ゲイツ財団での活動を重視すると発表しました。

そのゲイツ氏の財団には、世界一の投資家と賞賛されるウォーレン・バフェット氏が、何兆円もの財産を寄付するなど、賛同者が多く集まっています。

私たちとはスケールの違う社会活動ですが、心のスケールでは、人間誰もが平等です。

私は、オードリー・ヘップバーンさん、エリザベス・テーラーさんをはじめ、著名な欧米人が少なからず社会正義のために活動し、発言している理由を考えます。彼らは、そのような性格、そのような人格だったから、大きな仕事ができたのではないでしょうか。前世の因縁が彼らに徳を積ませ、その結果よい仕事ができ、人柄が現れて、慈善活動に没頭することになったのだと言うのは、あまりにうがった見方でしょうか。

しかし、私も彼らに見習いたいと思っています。自分のことだけを考えないことは、現役の時も引退後でも非常に大事なことなのです。

5 小さなことを楽しめないとあらゆることがつまらない

自宅マンションのベランダに、鉢《はち》植えの花を栽培しています。十月でも朝顔が美しい花を開きますし、ペチュニア、ポーチュラカ、ナデシコ、バラなどが咲いています。毎朝、起きると最初に花を見ます。昨日より多くの花が咲いているのを見ることはうれしいことです。

私は、日常の生活の中にささやかな幸せが見出せれば、積み重なって人生の幸福になると確信するようになりました。

ヨーロッパを旅し、田舎のペンションに何度も泊まりました。夕方に食堂へ向かうと、地元の人たちがビールを飲みながら大声で話しています。聞いていると、この人たちは毎日の生活を楽しみ、働いたあとに集まってがやがや話すことに無上の喜びを感じていると思いました。

中国の蘇州《そしゅう》に旅行した時も感慨がありました。ホテルではなく近くのレストランで炒飯や餃子を食べた時に、そこで話している人たちの何人が日本のことを考えたりしているのかと思いました。多くの人は毎日の生活で精いっぱいで、他国のことなど関心ないに違いありません。

私たちは**日常のささやかなことを深く楽しむ**ということを忘れていないでしょうか。外国人を見て、かえって強く実感したのです。

たとえば毎日の挨拶も、無駄のようで無駄でなく、人間関係の潤滑油になるのではないかと思います。

「合理的に考えれば挨拶など不要だ。単刀直入に用件を話すほうがお互い時間の節約になる」という考えもあるでしょう。

しかし、そうではありません。不要かもしれない言葉が、社会や人間関係を潤わせ、ギスギスするのを防いでいるのです。小さな気づかいの効用に、もっと目を向けるといいと思います。

6 人生に無駄は一つもない

小中学校では誰でもお互いに、また先生に挨拶するのに、大学ではまったくしませんでした。医学部でも医局員同士が朝の挨拶をしませんでした。私は自分の教室の職員に朝と晩の挨拶を指導しました。まるで小学校のようだと揶揄《やゆ》されることもありましたが、今では、私の教室がいちばんなごやかだったと、当時の職員からなつかしがられます。

江戸時代の俳人・松尾芭蕉《まつおばしょう》に、こんな句があります。

「よく見れば　なずな花咲く　垣根《かきね》かな」

人と激しく切り結ぶ人生や、ジェットコースターのような浮沈の激しい人生もいいでしょう。しかし、目立たない草花が咲いた、散ったと一喜一憂する心こまやかな人生も捨てがたいと思います。むしろ、幸せとはそんな小さな喜びにあるのではないでしょうか。

ブッダは「中庸《ちゅうよう》」を教えました。

享楽にふけるのはダメだが、難行苦行も決して正しい生き方ではないと言うのです。バランスが大切なのだと思います。

「吉野忌《よしのき》」という俳句の季語があるほど高名な芸者だった吉野大夫《たゆう》に、こんな言葉があります。

「張りつめた弦《げん》は切れやすい」

吉野大夫が、剣豪・宮本武蔵《みやもとむさし》をさとした言葉です。楽器などの弦は、強く張ったままだと切れやすくなります。張ったままにせず、適宜《てきぎ》ゆるめることで寿命も長くなり、音色も保てるのです。剣の修業に猛進していた頃の武蔵は、二十四時間、張りつめっ放しだったのでしょう。吉野大夫は、そこをさとしたのです。

私も同感です。**一見無駄に見えること、ゆるんで見えることが、実は非常に大事だと思っています。**

7 無にはすべてが含まれる

禅に、こんな公案があります。

「労して功なし」

やってみたが効果がなかった、では、これは無意味かというのです。

その例として「担雪塞井《たんせつそくせい》」という言葉の意味を考えろと言われます。井戸を雪で埋めようとしても溶けてしまい、埋めることはできません。雪をかついでくるのは無駄なのでしょうか。

私は、**無駄の集まりが人生なのだ**と思います。そこに喜びを見出すことが大事です。そうでなければ社会はギスギスし、競争ばかりになり、多くの人が疲弊《ひへい》してしまうでしょう。「労して功なくとも滋味《じみ》あり」と言いたいのです。

たとえば、花を咲かせるのは大変です。毎日水をやったり、雑草を抜いたりしなくてはなりません。しかも、見て美しいだけで、食べられもせず、お金にもなりません。いっそ造花を飾るか、何もしないほうがいいようにも思えます。

しかし、生きている花が咲いたり、散ったりするのを見ると、心が安らぐのです。「なぜ?」と問われても答えられません。そうなっているのが人間なのだとしか言いようがないのです。

中国・宋の詩人で政治家でもあった蘇東坡《そとうば》（蘇軾《そしょく》）に、こんな詩があります。

「紈素画《がんそえが》かず意高きかな（織られたままの白い絹生地《きぬきじ》に何かを描くなよ）
もし丹青《たんせい》を著《つ》くれば二に堕し来る（赤や青の色をつければかえって汚れる）
無一物中《むいちもつちゅう》　無尽蔵（何もないところにすべてがある）」

真っ白で何も描かれていないからこそ、無限の醍醐味《だいごみ》があるのです。美しいものすべてがそこに入っているのです。

無駄は有用に比べて意味がないように思えます。無一物のようなものです。しかし、そこにすべてが含まれているのです。

8

「いいこと」さえもなくていい

「放てば手に満つ」と言います。

無一物の中にすべてが含まれているというのと似た意味です。欲しがって捕まえようとすると逃げてしまうのに、無心で手を開いていると、欲しいものがいっぱい手の上に載っているのです。

老いるほどに、ささいなことの滋味や幸福がよくわかるようになります。**老いると若い頃のような熱く激しい幸福は味わえなくなりますが、ささいなことの滋味や幸福は、それを補ってあまりある**のです。

そう思っている私も、次の禅語を聞いた時には驚きました。

「好事《こうじ》もなきにしかず」

よいことが起こるよりも、何も起こらないほうがいいと言うのです。生きる喜びを否定しているのではないかと思いました。

しかし、禅宗第二十二祖の摩拏羅《まぬら》尊者の次の言葉を知り、必ずしも単純な否定ではないと、考えを改めました。

「心は万境《ばんきょう》に随《したが》って転ず（世間は常に変化している。人の心は、その変化に従って常に移ろうものだ）

転ずるところ実によく幽《ゆう》なり（心が変化するさまは自由自在であり、幽玄そのものである）

流れに随《したが》って性《しょう》を認得すれば（変化に任せていれば本来の自分がわかり）

喜びもなく憂いもなし（苦楽を超越した境地に至るだろう）」

「好事もなきにしかず」は喜びの否定ではなく、「喜びもなく憂いもなし」という深い禅の境地を表しているのです。

しかし、その境地は、私には今ひとつよくわかりません。

そこで、これを、因縁の法則から解釈したのです。

9 無事であることのありがたさ

好事、つまり楽しみや喜びは、業の貯金を減らします。ですから、好事があれば、必ずそのあとには苦しみや悲しみがめぐってきます。

好事は、徳を損なうことになるのです。

それなら、むしろ好事があるより、**日々が無事であるのがいちばん**ということにならないでしょうか。

「好事もなきにしかず」というのは、そういう意味なのです。

もちろん、若い時には楽と苦、苦と楽が入り交じり、七転び八起きの中で自分の人生を形成していきます。それは悪いことではないでしょう。

しかし、老いが訪れると、人生は激動から静謐《せいひつ》へと向かうものです。さまざまな苦労も幸せも経験した末に、ようやく「好事もなきにしかず」の心境がわかってくるのだと思います。

多くの友人、知人が、功成り名を遂げた末に、今までの成功など意味がないと思わせるほどの病気に呻吟《しんぎん》したり、深い孤独に悩んだりしています。

私も例外ではありませんでした。

過労から倒れた時は、すべての功績は意味がないように思え、過去を思い出しては自分を責めたものです。

山田無文老師も、著書にこう書いています。

「いかなる人も死に臨《のぞ》んだら、一生涯の出来事が、まことに走馬灯《そうまとう》のごとく、眼前に羅列《られつ》されることだろう。楽しい思い出、悲しい思い出、うれしい思い出、つらい思い出、さまざまであろうが、おそらく罪の思い出が、最も鮮やかに映写されるのではなかろうか。あんなことをするのではなかった、あまりに残酷だった、許してくれ、すまなかった、堪忍《かんにん》してくれ、というような悪い思い出が、数々あったとしたら、末期《まつご》の苦陥《くかん》はどんなであろう」

10 あなたは何から逃れられないのか

私も、山田無文老師の書いたことと、まったく同じ状態だったのです。しかし、ありがたいことに『般若心経』を読経することで、その力で苦を脱することができたのです。

無文老師も、このようななまなましい文章を書いたということは、「これが生き地獄だ」という体験をしたのではないでしょうか。

ブッダはこう言っています。

「大空にも、海の底にも、
山の洞窟《どうくつ》にも、世界の果てにも、
どこにも死のことわりから逃げる場所はない」

私は最初、この言葉を、どこに行っても死の恐怖を逃れることはできないと解釈していました。

そうではないのです。

死のことわりとは、死ぬ時の心の状態という意味です。

善をなせば喜びの中で死んでゆけるのです。悪をなせば際限ない苦の中で死なざるをえないのです。そのような苦を逃れたいなら、晩年は徳を損なわないように最善の努力をする必要があるのです。

好事が起これば苦を受けます。ですから、晩年になったら、好事を求めてはなりません。いいことが起こった、しめた、今までの苦労が報いられたなどと喜んではならないのです。

さらに徳を積まなくてはならないのです。

7章

健康の練習

――薬を使わない生き方

1 問題は心の病気が急増していること

心を病む人が急速に増えています。

かつて日本では、糖尿病、ガン、心臓病、脳卒中（脳梗塞、クモ膜下出血、脳出血などの脳血管障害）が、死因の四大疾患とされ、特別なケアが必要とされていました。

しかし、二〇一一年に、これに精神疾患が加わり、五大疾病とされました。精神疾患とは、うつ病、認知症、統合失調症、不安障害、パニック障害、薬物依存症などをさします。

厚生労働省の調査では、二〇〇八年の精神疾患の患者数は、外来、入院合わせて三百二十三万三千人でした。そして同調査では、今後の課題として次のようなことが強調されています。

①統合失調症が減っている一方で、認知症が急増している
②うつ病などの気分障害患者数が百万人を超えた
③うつ病に限っても、患者数が一九九六年からの十二年間で約三・五倍になった

警察庁の二〇一〇年の発表によると、自殺の原因は「健康問題」（約四七％）、「経済問題」（約二五％）、「家庭問題」（約一二％）、「仕事問題」（約七％）などとなっていますが、私は、その多くに、うつなどの精神疾患が関係していると考えています。

警察庁と内閣府の二〇一一年の調査では、その自殺者は十四年連続で三万人を超えているのです。調査年にバラつきはありますが、深刻な状況といえます。

国際的にも日本の自殺率は高いのです。国によって調査年がバラつくものの、二〇〇九年に各国を比較したＷＨＯ（世界保健機関）の調査では、韓国、リトアニアなどに続いて五位。女性に限ると韓国、中国に続いて三位、男性でも、韓国、リトアニアなどに続いて八位の自殺率なのです。

2 薬は「やめる時」が危ない

二〇〇三年のＷＨＯの調査では、精神疾患の年間有病率はアメリカが世界トップで二六・四％です。以下、ニュージーランド、フランス、オランダと続き、日本は九位の八・八％にすぎません。

調査年が六年後とはいえ、二〇〇九年のＷＨＯ調査の自殺率国際比較でアメリカ四十一位に対して、日本が五位なのは不思議です。

つまり、アメリカは精神疾患の患者が多いのに自殺はさほどでもなく、日本は逆に、精神疾患の患者数の割には自殺者が多いわけです。

なぜ、こんな逆転現象が起こるのでしょうか。

実は、**薬の多用が自殺率に関係する**のではないかと私は想定しています。

薬は離脱現象という症状があります。薬を飲み始めるとやめられなくなり（薬物依存）、やめると症状が悪化してしまうという現象です。

薬によって精神疾患の症状が悪化し、その結果、自殺が増えているのではないかと疑われるのです。

たとえば、現在、日本で多く用いられている抗不安薬はベンゾジアゼピンという物質の一種です。ベンゾジアゼピンのうち、不安に効くものが抗不安薬として用いられ、不眠に効くものは睡眠薬や睡眠導入剤として用いられます。ベンゾジアゼピン系の睡眠導入剤として有名な薬に、ハルシオンがあります。

二〇一二年六月の読売新聞に、「抗不安薬・睡眠薬依存――離脱症状を減らす『やめ方』」という記事が掲載されました。

「抗不安薬や睡眠薬としてよく使われるベンゾジアゼピン系の薬剤を長期に使用すると、薬物依存に陥る可能性がある。離脱現象を減らす『やめ方』の手順書の日本語版が近く公開される」という記事です。

内容をかいつまんで説明しましょう。

3 適正量でも「離脱症状」が出てしまう

ベンゾジアゼピン系薬剤は、脳内の神経の作用を伝える物質に働き、気分を落ち着かせるなどの効果をもたらします。

しかし、**適正な量でも、長く飲むと、薬の効果が弱まったり、抑うつなどの副作用を招く**ことがあります。

それに加え、薬物依存に陥ることが、二十年以上も前から知られていました。

そのために欧米では、使用を四週間以内に抑えて依存症を防ぐのが一般的です。ところが日本では、長期間の処方が広く行われているのです。

国連の国際麻薬統制委員会（ＩＮＣＢ）が二〇一〇年にまとめた報告では、日本ではベンゾジアゼピン系の睡眠薬の使用量がきわめて多いことが指摘されています。人口千人あたりの使用量は、アメリカの約六倍にもなるのです。

薬物依存に陥った患者が、急に薬の量を減らしたりすると、精神と身体の両面で、さまざまな離脱現象が表れます。離脱現象は、抑うつ、不安やパニック発作、記憶や思考の障害、集中力の低下、頭痛、吐き気など広範囲にわたり、最近よく話題になる「むずむず脚症候群」が表れることもあるといいます。

離脱現象の種類や程度は、体質や服薬期間、服薬量によって異なります。何年も続く場合もあれば、短期間に消える場合もあります。

しかし、あまり急激に薬の量を減らしたり、やめたりすると、死に至るけいれんや、自殺、自殺未遂、自殺願望、殺人願望などの重大で深刻な現象が現れることもあるのです。

読売新聞の記事は、一つの例として、ある男性の場合をあげています。

彼は人前で過度に緊張したり汗をかいたりする症状に悩み、二〇〇五年に精神科のクリニックを受診しました。「社交不安障害」と診断され、抗不安薬のソラナックスという薬を処方されました。

副作用が心配でした。しかし、主治医から「何年も服用しても安全な薬」と言われ、約四年半の間、一日の最大用量を飲み続けました。

それでも症状は改善せず、主治医の指導で服用量を半分にしました。すると、種々の離脱現象が現れたのです。

日光がまぶしく目を開けていられない「光過敏」、暗闇なのにチカチカ光って見える「光視症《こうししょう》」、水晶体が濁る「白内障」、眠りに入る前に頭部が左右に勝手に動き、睡眠を妨げる「入眠時ミオクローヌス」などです。

しかも、薬をやめてから三年たっても症状はなくなりません。二〇一二年春に、ベンゾジアゼピン離脱症候群と診断されたということです。

こういう深刻な離脱症状に対し、イギリスのニューカッスル大学神経科学研究所のヘザー・アシュトン教授が、クリニックでの治療経験をもとに、ベンゾジアゼピン系の薬のやめ方の手順（アシュトンマニュアル）をまとめました。これに応じて離脱をはかるべきだと言うのが記事の趣旨です。

4 心の病気は心で治すもの

ベンゾジアゼピンだけではありません。日本で百万人以上に処方されていると言われる抗うつ薬ＳＳＲＩ（選択的セロトニン再取り込み阻害薬）のほとんどに、離脱現象が見つかっているのです。

その症状はもっと深刻です。

たとえば、パロキセチン塩酸塩水和物の製剤である「パキシル」はひどく、一度飲み始めたら、やめることは非常に危険だとされています。

離脱症状は、めまい、吐き気、動悸《どうき》が続き、それが収まると不眠、過眠、倦怠感、無気力が現れます。体調不良は、数か月は続くということです。

このようなことから、医師も断薬に慎重になりました。ということは、逆に、特定の薬を一生飲み続ける人が多くなるということになります。一生、病院に通うことが精神的、社会生活上の両方で大きな負担であることは、言うまでもありません。

では、薬を使わないことはできなかったでしょうか。

会社や家族などの**問題で悩んでいるのは、本来は個人の悩みであり、薬で治るようなものではない**と、私は思っています。それなのに、医師が「はい！ 薬」と安易に抗うつ剤などを処方するために、本当の病気になってしまうと考えられるのです。

抗うつ剤などが登場する以前にも、悩みは当然ありましたが、すべて心の問題として処理されていました。そういうやり方が万能というわけではないでしょう。しかし、自殺者数などは昔のほうが低かったのです。警察庁が統計をとり始めた一九七八年の自殺者数は約二万人で、一九九八年までは三万人よりもはるかに低い数字で推移していました。

そう考えると、昔のやり方が時代遅れだとは言えないのではないでしょうか。

5　ブッダの「心の治療法」

たとえばうつ病などには、薬でない治療法もあります。認知療法などです。

しかし、今では認知療法はほとんど効果がないという見方が大勢を占めているようです。それは、認知療法が心の病に本当に対応する治療法をしていないということでしょう。

ある人は「うつ病は薬では治らない」と言っていました。うつ病が不治の病という意味ではありません。たとえ薬で一時的に元気になっても、生き方を変えない限り、もとのように活動することはできないということです。

私は、苦しくなければ病気ではないと言っています。心の病は苦しいから病気なのです。

ブッダは、苦は悪をなすから起こるのだと言っています。そう言われると、病気の人は「自分は何か悪いことをしたのか」と反感を持つでしょう。当然の心理です。

しかし、因縁の法則は、過去、現在、来世を含む長い時間の中で、さまざまな要素が複雑にからんで表れるのです。また、悪いことをしなくても、楽をすることが徳を損ない、悪になるのです。

ですから、「因」がはっきりとは見えなくても、苦を除くように修行しなくてはならないのです。

私は個人的な方法として『般若心経』を信じ、読経することで苦から脱出することができました。そして、それはあらゆる人に有効な方法だと思っています。

もし、薬が効く場合や、薬に頼らずに病状が好転するならば、その治療を受けるのがいいでしょう。しかし、治療法がどうにも見つからない場合は、私のやり方を試す価値があるのではないでしょうか。

ブッダは苦の原因を見つけたと同時に、救いも与えていると思うのです。

6 たとえば砂糖を悪者扱いしない

ここで話題を変えて、砂糖の話をしましょう。そこから、脳の機能や認知症について解明していきます。

最近、順天堂大学教授・白澤卓二《しらさわたくじ》さんの書いた『「砂糖」をやめれば10歳若返る！』（KKベストセラーズ）という新書を読み、「砂糖に関する誤解や俗説が、まだ流布《るふ》されているのか」と嘆かわしく思いました。

その本の結論である「砂糖は寿命を縮めるか」という問題だけを取り上げてもそうです。精糖工業会の調べでも、砂糖の消費量は減少しています。

8項の話をわかりやすくするため特別な年次のデータで見ますが、一人当たりの砂糖の年間消費量は一九九六年一九・二キロ、二〇〇一年一七・九キロ、二〇〇六年一六・九キロ、二〇〇九年一六・七キロです。

一方、国連などの調査でも、このところ日本人の平均寿命は短くなる傾向にあるのです。

男性は一九八六年七五・二歳、一九九六年七七・〇歳、二〇〇六年七九・〇歳と順調に伸び、二〇一〇年には七九・六四歳で世界第四位になりますが、二〇一一年には七九・四歳で第八位に転落しています。

女性は長く世界最長寿でしたが、二〇一〇年には八六・四歳と前年より短くなり、二〇一一年は八五・九歳となり、香港に抜かれて世界第二位になっています。

女性の場合は東日本大震災による死者の増加などの原因が指摘されますが、いずれにしても寿命が延びていないのは事実です。

男性の寿命が短くなり、女性の寿命が延びないのは、白澤さんの説と矛盾します。「十歳若返る」ことは、単純に言えば寿命が十歳延びることです。白澤さんの説では、**砂糖の消費量が少なくなっている日本人の平均寿命は、十歳まではいかずとも、もっと延びているはず**なのですが、そうなっていないのです。

7 過ぎた制限は健康を遠ざける

一九二〇年代に、米国ロックフェラー研究所が、カロリー制限をしたマウスはガンも少なく、寿命も長いと発表しました。発表者が、ラウス肉腫ウィルスの発見でノーベル賞を受けたペイトン・ラウス博士だったこともあり、センセーションを巻き起こしました。

その後、線虫、ショウジョウバエなどでも、カロリーを三〇％、五〇％などと制限すると、制限するに従って寿命が延びるということも見出されました。

研究は広がり、最近話題の長寿遺伝子「サーチュイン遺伝子」の存在が喧伝《けんでん》され、動物はやせているほうがよいと、声高に言われ始めました。

しかし、このようなカロリー制限の効果は、人では確認されていません。

米国の国立衛生研究所（ＮＩＴ）のマーチン博士らは、実験動物はそもそも太りすぎであり、カロリー制限をして、やっと野生動物と同等の体になり、その結果、寿命が延びるというデータを出しました。

さらに最近、NITのグループが、サルを三〇%カロリー制限した場合と、しない場合を比較し、寿命、病気発症率を三〇年にわたって追跡調査した結果も発表しました。

すると、両者には差がなかったのです。

つまり、やせれば寿命が延びるという説は、ハエやマウスには適切かもしれませんが、サルや人の場合には確たる根拠がないのです。

特に日本人の場合は、やせているほうが寿命は短かいのです。国立がんセンターの津金昌一郎《つがねしょういちろう》博士のグループの研究では、**やせている人のほうが、肥満の人よりも死亡率が高かった**のです。

日本人のカロリー摂取量も、砂糖摂取量と並行するように減り続けています。

一九四六年に一九〇三キロカロリーだったのが一九七五年に二二二六キロカ

ロリーになるまでは増えていたのですが、その後は減り続け、二〇〇五年には一九〇五キロカロリーにまで下がりました。

一九四六年、つまり終戦直後の摂取量にまで逆戻りしたのです。その半面で、男女を含めた日本人全体の体重は増加しています。

女性の場合はダイエットの流行で体重が減っているので、年齢別、年代別の分析が複雑になります。そこで三十代、四十代、五十代の男性のカロリー摂取量と体重の関係を見ると、カロリー摂取量は減っているのに肥満してきている傾向が見て取れます。

一九九六年には、カロリー摂取は二三二〇キロカロリーで、BMI(肥満度を示すボディマス指数)は二三・五でした。それが、二〇〇六年には、カロリー摂取が二一八〇キロカロリーで、BMIは二四・一になっているのです。

砂糖もカロリーも摂取が減っているのに肥満が増しているのは、それらが肥満の原因でないことを示しています。**運動不足などが肥満の原因**なのです。

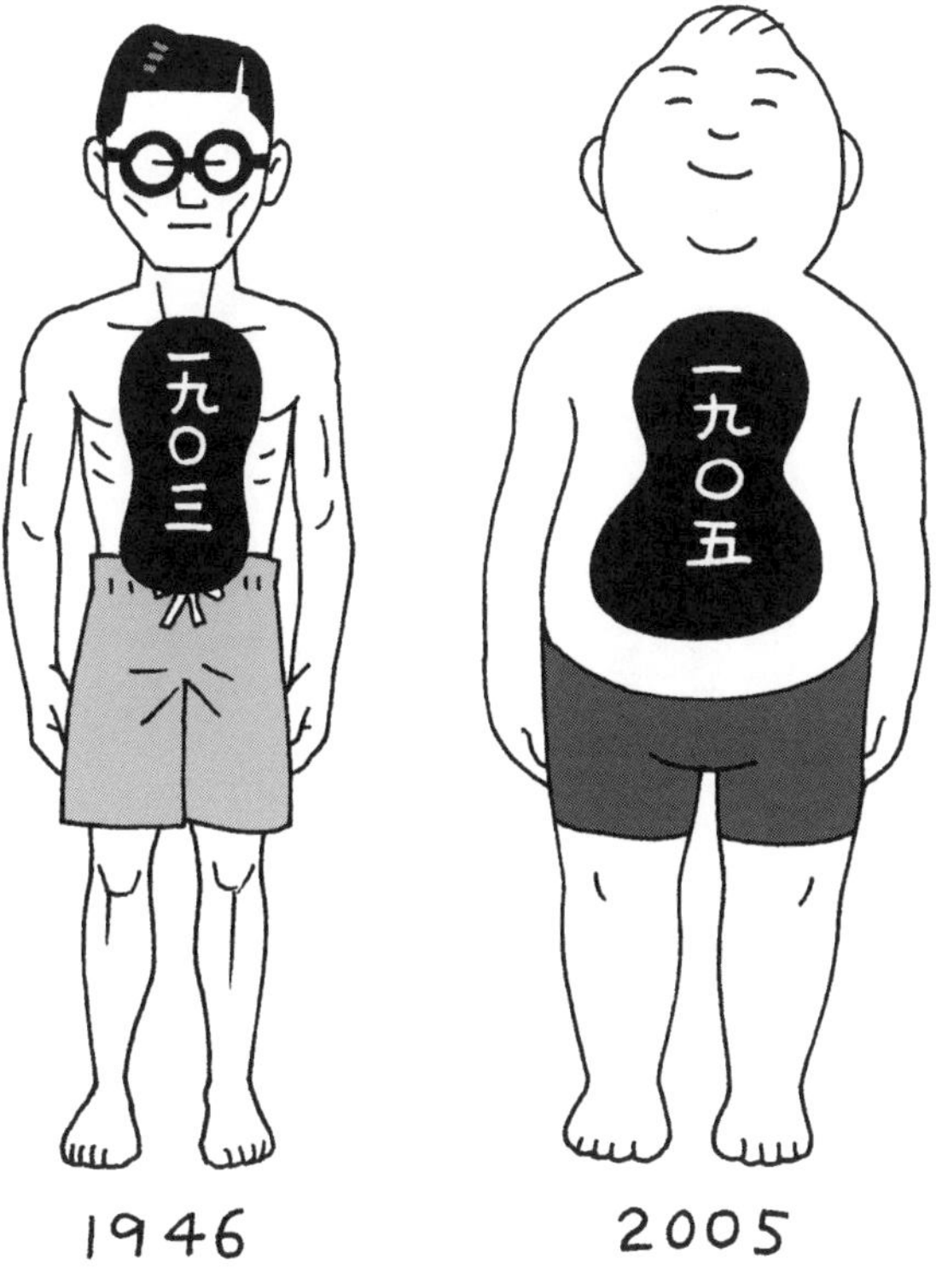

一九〇三
一九〇五
1946
2005

8　やせることはそんなにいいことか

獨協医科大学の西連地《さいれんち》利己《としみ》准教授は、一九九三年に健康診断を受けた人十二万七千人を、二〇〇四年まで十二年間追跡調査しました。

この間に糖尿病になった人は八千四百人以上でした。

これを肥満との関係で調べると、次のようなことがわかりました。

ＢＭＩが十八・五未満の「やせ」の男女に最も糖尿病が多いことです。

ＢＭＩが十八・五以上、二五未満の「普通」の男女の糖尿病の危険率を一とすると、一八・五未満の「やせ」の場合、男性では危険率が一・三二になり、女性では一・三二になります。

一方、ＢＭＩが二五以上の「肥満」の人の場合、男性の糖尿病の危険率は一・一八となり、女性では一・三二になりました。

つまり、男性ではやせている人のほうが糖尿病になりやすく、女性でも、やせている人の糖尿病の危険率は肥満者の危険率と同じということになるのです。実際、悪い生活習慣を引き金にインスリンの分泌低下などが起こる「2型糖尿病」の九〇%は、やせている人に起こります。

では、なぜ、やせていると糖尿病になりやすいのでしょうか。

脳は体のどの臓器よりもエネルギーをたくさん消費する大食漢です。体のエネルギー総消費量の二〇%を使うとも言われています。

ところが、脳はブドウ糖以外をエネルギー源として使えません。一般に、体は不足したブドウ糖を、脂肪を分解してつくり出しますが、やせて脂肪の少ない人は、血中のブドウ糖が脳に回されてしまいます。

そうなると血中のブドウ糖が体の細胞内に取り込まれることが阻止されます。細胞がブドウ糖を使えなくなるというのが2型の糖尿病なのです。つまり**やせる、あるいはブドウ糖をとらないことが糖尿病を招く**のです。

9 脳は本当は何を求めているのか

砂糖は、寿命や肥満、糖尿病などと無関係であるだけでなく、脳に必要不可欠な栄養なのです。

最近、いろいろな会社で「おやつ」、つまり仕事の合間にチョコレートやお菓子などを食べることの効用が見直されていると聞きます。過日は、テレビのニュース番組まで「おやつの効用」を取り上げていました。パソコンによる仕事が多くなり、電話の応答が少なくなったので、口に何かが入っていても仕事に支障がないというのです。また、おやつの時間を設定すれば会話が増え、人間関係もよくなると言います。会社によってはカートでお菓子を配って歩いているとも報道されていました。

なぜこんなことが起こっているのでしょうか。

お菓子に含まれる**砂糖が脳にいい影響を与える**からです。

砂糖は、ブドウ糖と果糖からなる二単糖です。腸管（大腸や小腸）で吸収されるとすぐに分解され、果糖は肝臓の細胞などに取り込まれ、分解されてエネルギーを与えたり、脂肪などに合成されたりします。

前述のように、脳はブドウ糖しかエネルギー源として使えません。つまり、おやつで得られるブドウ糖は、すぐに脳を活性化する効果があるのです。

米や麦などのでんぷんもブドウ糖からなるのですが、でんぷんは高分子なので吸収されるには分解されて二、三単糖になる必要があります。それには時間がかかり、脳が疲労してブドウ糖を必要とする時に即座には供給できないのです。

また、脳ではさまざまな神経伝達物質が機能していますが、精神を安定させ、うつ病などでは減少してしまうセロトニンは、トリプトファンというアミノ酸からつくられます。脳がトリプトファンを取り込む際には、ブドウ糖がなくてはならないのです。つまり脳内のセロトニンを増やすにはブドウ糖が必要なのです。

10 体の本能に耳を澄まそう

砂糖そのものの脳への影響を見てみましょう。

砂糖の甘さは、舌の甘味の受容体を刺激し、主として舌咽《ぜついん》神経を介して大脳の体性感覚野《たいせいかんかくや》の味覚の部分を刺激します。

この刺激は、その奥の島《とう》という部分に伝わり、側坐核《そくざかく》を刺激します。側坐核は快感の中枢であり、刺激されると喜びを感じ、意欲が湧いてくるのです（逆に、苦みなどは島から扁桃体《へんとうたい》などに伝えられ、嫌悪を感じさせます）。

また、舌の刺激は島から中脳水道周囲核《ちゅうのうすいどうしゅういかく》という部分に伝わり、「脳内麻薬」といわれるエンドルフィンが出されます。

つまり、砂糖の甘さは脳に喜びを感じさせるのです。

同じように側坐核を刺激して快感をもたらすものに、タバコのニコチン、覚醒剤のアンフェタミン、麻薬のコカインなどがあります。しかし、いずれも体に悪影響を与えたり、体を破壊したりします。

砂糖は脳や体に必要な栄養素です。それが同時に快感や、やる気などを引き起こしてくれるのですから、まさに一石二鳥だと言えます。

人々は**本能的に砂糖の素晴らしさを知っており、それがおやつの流行になっているの**だと思われます。

砂糖は記憶にも関係します。米国バージニア大学のゴールド博士の研究によれば、アルツハイマー病の人たちに砂糖を与えた場合と与えない場合を比較すると、砂糖を摂取した人たちの記憶が大きく改善するといいます。特に文章の記憶を調べると、砂糖を摂取した人たちの記憶の点数は摂取しない人の記憶の点数の二倍になっているのです。このことは高齢者の認知症の予防、症状の軽減に砂糖の投与が意味をもつということを示しています。

俗説に惑わされて砂糖を使わないと、大きな損をするのです。

11 死の直前まであなたには意識がある

最近、米国の雑誌に、植物状態と言われる患者にも意識があるという論文が次々と出され、大問題になっています。

私たちは、運動のことを考えると、運動の命令をする場所の少し前の部位である大脳の補足運動野が活動します。あるいは、家の中や街を歩いていることを考えると、海馬傍回《かいばぼうかい》という部位が活動します。

英国ケンブリッジ大学教授で脳研究者として世界的に有名なエードリアン・オーエン博士は、交通事故などで意識不明になり、植物状態と判定された患者の脳の活動を、ＭＲＩ（核磁気共鳴）で調べました。

まず、患者と健常者に「テニスをやっているところを想像してください」と言います。すると両方ともに補足運動野が活動しました。

また、患者と健常者に「自分の家の部屋をずっと歩いて回ることを想像してください」と言うと、やはり両方とも海馬傍回が活動したのです。

次に「あなたの父親の名前はトーマスですか。もしそうならテニスをしているところを想像してください。違うなら部屋を歩くことを想像してください」と問いかけます。すると正解の場合には、テニスをする時に活動する補足運動野が活動し、間違いの場合には海馬傍回が活動したのです。

むろん、植物状態の患者の場合は、活動しても脳波には出ず、顔つきも何の変化もありません。

しかし、実は質問者の問いの内容を理解しているのです。問いが正しいかどうかも判断していることになるのです。

植物状態の患者は、4章で述べたALS（筋萎縮性側索硬化症）の患者が、目が動く時には問いに答えることができ、目が動かなくなると問いに答えられなくなるのと同じであり、意識はあるともいえるのです。

無意識と思われた植物状態の患者にも意識があるということは、死の直前のまったく応答のない人の脳も活動していると考えられることになります。床《とこ》に横たわっただけの臨死の人間も、実は周囲の人がどのようにしているか、何を話しているかを知っているということになるでしょう。

ある人が「あの人は大往生した、などと言うが、死んだ当人が本当は心で何を考え、苦しんでいたか、誰にもわからない」と言っていました。それは本当です。**心は本人しかわからないのです。心はそれほど厳粛なもの**だということを思い知らされる研究結果といえるでしょう。

認知症は、一面では、ブッダの言うように、過去の悪に対する苦の表れとも考えられます。

また、認知症の患者を介護施設に入れると症状の悪化が早くなり、自宅に戻して孫などと一緒にいると悪化しにくくなります。つまり、家族関係や愛情など心理的面が認知症の発症、症状の進行に関係していることを示しています。

因果の法則とともに、体のメカニズムや、脳と心の神秘を知ることも、自由に生き、苦しまずに死ぬことにつながるのです。

本書は成美文庫のために書き下ろされたものです。

成美文庫

ブッダに学ぶ「自由な心」練習帳

著　者　高《たか》田《だ》明《あき》和《かず》
発行者　風早健史
発行所　成美堂出版
〒162-8445　東京都新宿区新小川町1-7
電話(03)5206-8151　FAX(03)5206-8159
印　刷　大盛印刷株式会社

ISBN978-4-415-40221-5
落丁·乱丁などの不良本はお取り替えします
定価はカバーに表示してあります